ASSESSMENT OF STUDENT
ACHIEVEMENT
SEVENTH EDITION
NORMAN E. GRONLUND

教育科学精品教材译丛

Assessment of Student Achievement

学业成就测评（第七版）

[美] 诺尔曼·E.格朗伦德　著

罗黎辉
孙亚玲　等译

凤凰出版传媒集团

江蘇教育出版社
JIANGSU EDUCATION PUBLISHING HOUSE

著作权合同登记图字：10－2004－163 号
图书在版编目(CIP)数据

学业成就测评(第 7 版)/(美)诺尔曼·E. 格朗伦德著/罗黎辉，孙亚玲译. —南京：江苏教育出版社，2008. 4
ISBN 978－7－5343－8352－6

Ⅰ. 学… Ⅱ. ①诺…②罗…③孙… Ⅲ. 高等教育—教育理论—研究 Ⅳ. G640

中国版本图书馆 CIP 数据核字(2008)第 056155 号

教育科学精品教材译丛

学业成就测评(第七版)
Assessment of Student Achievement (Seventh Edition)
[美] 诺尔曼·E. 格朗伦德 **著**
罗黎辉 孙亚玲 **等译**
责任编辑 韩宇新

出版发行 凤凰出版传媒集团
江苏教育出版社
(南京市马家街 31 号，邮政编码：210009 网址：www. 1088. com. cn)
经销 江苏省新华发行集团有限公司
照排 南京展望文化发展有限公司
印刷 江苏淮阴新华印刷厂(厂址：淮安市淮海北路 44 号 邮编：223001)
开本 787×1092 毫米 1/16 印张 12. 25 字数 250 000
2008 年 4 月第 1 版 2008 年 4 月第 1 次印刷
印数 1－5 000 册
ISBN 978－7－5343－8352－6
定价 24. 00 元
批发电话 025－83260760，83260768
邮购电话 025－85400774，8008289797
短信咨询 10602585420909
E-mail jsep@vip. 163. com
盗版举报 025－83204538
苏教版图书若有印装错误，可向承印厂调换。
提供盗版线索者给予重奖。

教育科学精品教材译丛

总序

作为高校教师，我们中的许多人常常为教育科学教材的陈旧落后而痛心疾首；作为教育学人，我们中的许多人也常常对经济学、社会学等显学学科教材建设的突飞猛进而称羡不已。

于是，我们坐卧不安，我们摩拳擦掌，我们立志超越，我们走到了一起。经过几年的努力，涵盖当代高等学校教育学专业的全部主干课程的大型海外教材《教育科学精品教材译丛》（下面简称《译丛》）终于呈现在读者面前。

许多年来，我国高等师范教育和高等学校教育学专业课程改革的步伐极为缓慢，师范教育的教育学、心理学、教材教法这三门课程多年不变，教育学专业的课程内容陈旧，课程的选择空间相当狭小。可以说，改变高等师范教育课程和高等学校教育学课程的落后状况，是《译丛》最为基本的宗旨。

另一方面，随着教育事业改革的深化，教育实践中产生的问题日益复杂，解决这些问题需要极为丰富的教育科学知识和能力。《译丛》追求的另一宗旨正是通过奉献世界上最先进的教育科学知识体系，促进我国教育事业改革的深化。

在过去的几年中，高等学校课程改革已经取得了相当明显的成效。深化课程改革的一条重要途径是引进国外尤其是发达国家的高校教材，藉此提高教育质量和增进学生的学习能力。《译丛》的宗旨和思路与我国高校教材改革的这种方向是一致的，而且是高校教材改革过程的组成部分。

促进学术交流，是《译丛》向往的又一宗旨。学术沟通的障碍，表征是交际语言，而深层原因则是学术语言与学术规范。《译丛》希望通过引进国外的教育科学知识体系和贯穿其中的研究方法与表达方式,促进我国教育科学学术事业的进步,并为其走向世界奠定基础和开辟道路。

《译丛》是建国以来从海外引进的规模最大、门类最全的教育学科教材,被国内媒体称为"又一次重要的拿来主义"。在科教兴国的基本国策背景下,它所蕴涵的巨大社会意义已经超出教材本身。因此,《译丛》的编委会和出版者——江苏教育出版社对此高度重视,并为此做了大量的细致而扎实的工作。第一,组建了强大的编委会和翻译队伍。《译丛》的编委会阵容整齐,有各师范大学的博士生导师、教授以及一批海外教育专家;主要翻译人员和审校者均是教育科学专业的博士或教育科学领域的教授,其中一些译者长期旅居国外,并从事教育科学专业的研究和教学工作,他们均在教育科学领域具有相当深厚的积累,可以确保《译丛》的翻译质量。第二,精心筛选选题。《译丛》的入选图书品质上乘,所有选题皆经中、日、美等国专家反复磋商论证,精选而成。其中一些书目为国外学术机构所推荐,在国外大学拥有广泛的学术声誉。许多教材一版再版,最多的已达第十五版。

我们希望,这套教材能成为国内教育科学的替代课本或重要参考书,同时也能作为各地教师继续教育的重要资料。

我们期待,这套教材能给中国教育理论界带来一些观念和方法上的启示,为我国的教育科学的教学和研究,尤其是教材编写工作提供一定的借鉴。

我们相信,这套教材会得到许多中小学教师、校长、教育行政机关干部、教育科学研究人员、教育专业的研究生以及高校在校学生的关注和选用。

当然,我们更希望、更期待的是创新和超越。希望和期待我国的教育科学工作者编写出高水平的、具有中国特色的教材。站得更高才能看得更远,看得更远才能做得更佳,希望我们这套教材能使中国教育理论界有一个更高的起点,使中国的教师和师范学生有一个开阔的眼界。需要说明的是,原书附有大量的各类索引,但为降低图书成本,减轻读者负担,我们只好割爱,敬请诸君谅解。

我们欢迎各种形式的参与和合作,欢迎专家和读者随时为我们荐书,随时提出各种建议和评论。

《教育科学精品教材译丛》编委会

二〇〇二年四月

前　言

《学业成就测评(第七版)》是一本重点介绍如何对教学的所有预期学习结果(简单或复杂)进行测评的实用指南。书中将测评定义为笔试和实作测评的总称,两种方法各用于最合适的场合。全书的前提是:高效的教学必须进行有效的测评,而且教学和测评的最终目标都是提高学习效果。

全书以课堂测验与实作测评的准备与使用的章节开头,接下来的一章是关于评分与反馈。最后两章介绍了如何理解标准化测试分数,以及效度与信度的问题,展现了测评中更具技巧性的方面,不过这些概念和过程都很容易掌握,不需要任何该领域的预备知识。它们被安排在最后,这样就可以在最适合课程进度的地方加以使用。第二章简要描述了效度与信度的概念,还列举了测评工具准备阶段构建效度与信度的各种方法,便于想在课程中使用技巧手段的人使用。

最新版有很多改变:

1. 增加了关于延展性实作测评的章节(第八章),侧重介绍对综合复杂的实作结果的测评。

2. 增加了关于档案测评的章节(第九章),描述如何准备、使用并评估课堂档案。

3. 第三章扩充为制定测评计划,扩充了有关学业成就测试准备的内容,囊括了测试准备的方方面面。取消了关于召集测试、实施测试和评估测试的章节,因为第三章已经涵盖了绝大部分相关内容。

4. 修改了以前版本中有关实作测评的章节,新版中该部分仅侧重描述对技术与作品进行实作测评的传统方法。

5. 扩充了有关评分的章节，新增了向学生和家长反馈分数的内容。

6. 各章节新增了诸多成套式表格，列出进行准备、使用实作测评及评分的各个步骤。

7. 各章的补充阅读中增加了新的参考文献。

现在，本书将重心平均分配在笔试及实作测评两方面，并说明其在教学中的重要作用。介绍相关材料的方法简单、直接、易懂，但并没有因此而轻视基本概念或牺牲技术准确性。书中提供了很多实用案例。此外，检核表、成套式表格及各章的要点总结也有助于学习相关内容。学习者不需要具备测量或统计学方面的知识就能理解本书内容。简而言之，这是初学者的实用指南。

我要感谢西南奥克拉荷马州立大学的校订员詹姆斯·泰特(James Tate)，还有弗吉尼亚理工大学的简·亚伯拉罕(Jane Abraham)，感谢他们付出的时间和反馈意见。

我还要向书中所参阅的作者及出版社致谢，感谢艾琳和培根(Allyn and Bacon)出版社的所有编辑人员，感谢艾琳·帕娜默(Irene Plamer)出色的打印工作，感谢我的妻子玛丽(Marie)在本书修订过程中的耐心与理解。

诺尔曼·E. 格朗伦德(N. E. G)

目 录

目　录

第一章 成就测评与教学

本章使读者能：[1]

1. 理解为什么考试和实际操作测评在成就测评中均很重要。
2. 对成就测评作出界定。
3. 阐述教学与测评的关系。
4. 认识教学过程中测评的各种作用。
5. 系统把握测评直接促进学习的各种途径。

凡受过一些年教育的人，都曾经参加过各种笔试，有的是教师自编测验——其试题或要求选择作答（如：是非题、多项选择题或配对题）或要求具体作答（如：简答题或论述题）；有的是标准化能力倾向测验或标准化成绩测验——其试题主要采用多项选择题。笔试之所以在学校通行，至少，部分原因是基于对效率的考虑。大部分学习结果都可以用笔试方式进行测试，而且，笔试易于评分，评分结果也易于记载和保存。

近年来，出现了反对过多注重笔试的倾向。一些对笔试持批评态度的人，主张更重视**真实性测评**（authentic assessment），用“现实生活”作业（譬如，解决现实社会的实际问题）进行测评。另一些批评者则认为，笔试应该被淘汰，至少应部分地为**替代性测评**（alternative assessment）所取代。有些批评虽过于极端，但是，它们突显了重视学生实践能力的必要性（详见专栏 1－1）。若要判断学生的写作能力，得让学生写作；若要判断学生的机械操作能力，得让学生操作机器；如果要判断学生的实验能力，就得让他们做实验。总之，要想知道学生某方面的实作能力，就得让他们去进行相关的实作。无疑，把**实作测评**（performance assessment）摆上学校教育更重要的位置，有利于促进预期学习结果测评的发展。但是，在教学中，无论我们怎样重视实作测评，笔试依然具有重要的作用。

[1] 虽限于篇幅，不能采用在第三章推崇的两步法来阐述预期的学习效果。但是，下述内容可为大家的学习，以及为各章内容的应用提供一个抓手。

专栏 1-1 常用评价词汇

实作测评	要求学生通过实际完成一项或一组作业(如,撰写故事、发表演说、开展实验或操作机器),以证明他们所取得的认识成就和技能成就的测评。
替代性测评	实作测评的一种,强调其测评方法有别于传统笔试。
真实性测评	实作测评的一种,重视用知识和技能解决现实中的实际问题,强调重视这一点的重要意义。

大多数实践教学活动均需要知识的支撑,知识对实践至关重要。要写出好文章,离不开词汇、语法和拼写等方面的知识。一篇文章,并不能很好地反映写作知识水平的高低。因为,在写作中,我们一般只使用自己知道的词汇和得心应手的句型。在碰到写不出来的词汇时,我们往往会用其他能写得出的词汇来替代。所以,在写作中,我们可以通过精心构思来掩盖自己语言上的不足。但是,独立的词汇测验、语法测验或拼写测验却能够发现这方面的不足,以利于学生提高写作能力。不过,我们还不能把这些测验解释为"作文能力"测验。它们测量的是写作中有用的知识,写作能力要通过实际写作来测评(实作测评)。操作机器同样如此,学会实际操控机器是最终的目的。但在着手进行实作测评前,有必要先测试学生操作机器的知识及操作机器应遵守的安全防范措施。此外,在实验前,可以用测试手段了解学生是否具备做好一项实验必备的知识。

本书所要探讨的核心内容是学业成就测评,既包括笔试,又包括实作测评。考试可以直接对许多学习结果进行测量,从简单到复杂的学习结果都在其内。并且,考试还可以为实作测评及其改进提高实作质量,提供所需的信息。所以,尽管我们要尽可能为实现真实性测评而努力,但限于学校的环境条件,要全面地测评学业的成绩,考试和实作测评依然不可或缺。

本书涉及的**学业成就测评**(achievement assessment)是一个宽泛的范畴,它包括用于确定教学中学生在多大程度上取得预期学习效果的各种方法。由于我们现在重点关注的是学业成就测评,出于方便的考虑,全书仅用"测评"这一术语,不使用其他同义或近似术语。

教学与测评的关系

制定教学方案时,我们最关心的是"怎样才能最有效地促进学生的学习?"。面对这一问题,我们的注意力自然地集中到教学内容和教学方法之上。在这个时候,我们应该考虑教学过程中测评的作用问题。只要设计到位,运用得当,测评过程能够对提高教学质量、促进学生学习起到积极作用。

表 1-1 揭示了教学与测评之间的密切联系。我们不仅需要明确学生在教学中应

达到的教学目标；而且，需要通过精心的设计，准备好与高质量教学特性相匹配的测评。教学与测评的关系，使我们更清楚地认识到拓宽教学设计，纳入测评设计的重要意义。传统意义上，教学设计仅仅被局限于教—学的过程上。这是不够的。有效的教学，要求我们关注教—学—测评的过程，把测评作为教学计划的基本组成部分。教学测评的主要功能是，与其他教学活动一起，共同提高学生的学习效果。教学测评能够以多种方式为提高学生的学习效果发挥积极的作用。

表 1－1 教学与测评的关系

教学	测评
满足下列条件时，教学将最有效：	满足下列条件时，测评将最有效：
1. 以一系列界定清晰的教学目标为导向。	1. 以一系列界定清晰的教学目标为导向。
2. 教学内容与方法符合所要达到的教学结果的需要。	2. 测评的功能及实质与测评结果要相符。
3. 教学设计符合学生的特点和需要。	3. 测评的设计符合相关学生的特点，并且，对每个学生都公平合理。
4. 教学策略建立在有意义的、可靠的和相关的信息基础上。	4. 测评提供有意义的、可靠的和相关的信息。
5. 定期让学生了解自己的学习效果。	5. 及早向学生反馈测评结果。
6. 对尚未达到教学预期目标的学生采取补救措施。	6. 测评结果要能反映学生学习上的弱点。
7. 定期检查教学的效果，并对教学目标及教学活动进行必要的调整。	7. 测评结果要为评价教学目标、教学方法及教学内容提供有用的信息。

教学过程中的测评

为了与教学更好地相结合，测评的设计应与教学设计一并考虑。教师在教学的整个过程中，要作出一系列的教学决策。测评过程设计得好，能为教师作出基本判断提供较客观的信息，从而保障多数教学决策的有效性。我们来看看在教学开始阶段、教学过程中和教学结束阶段教师需要作出的一些决策。

教学开始阶段（配置性测评）

在新的教学开始前，教师需要回答两个主要问题：

1. 学生在多大程度上具备进行后续教学所需的知识与能力？
2. 学生在多大程度上已经达到了后续教学预期的教学目标？

第一个问题，通常以“预备状态”预测作出分析。预测一般安排在一门课程或一个单元的教学开始前进行。测验内容的范围应覆盖后续教学必需的各种技能。如在新开代数课时，应进行计算能力的测试；同样，在新开德语课之前，应进行英语语法的测试。对缺乏必备条件的学生应进行补习，或者把他们安排到预备状态较差的学生组别中去。

第二个问题，一般用“配置性”预测来寻求答案。配置性预测的内容应覆盖后续教学的各个预期目标。这与终结性教学测验正好相同。当然，配置性预测与终结性测验在测验形式上最好互不相同。在配置性测验中，我们要判断的是，学生是否已经掌握了我们纳入教学计划的内容。如果已经掌握，我们有必要调整教学计划，鼓励一部分学生跳过某些单元、把一部分学生配置到高起点的教学班中。配置性测评的功能如图1－1所示。

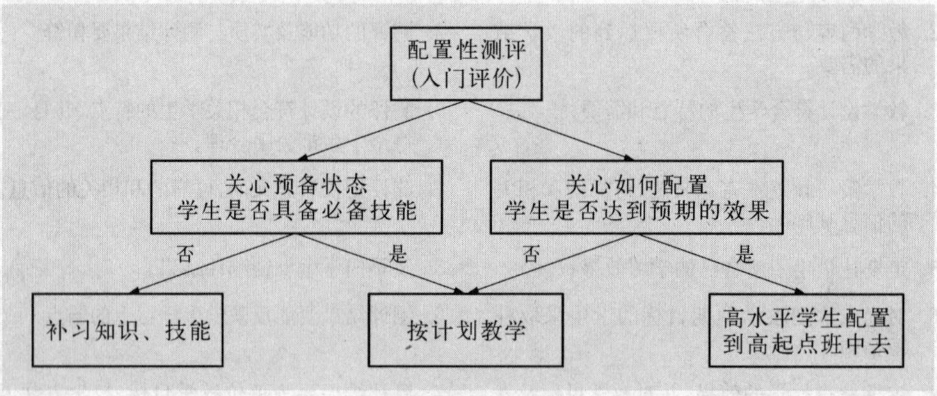

图1－1　配置性测评功能简化模式图

除采用预测外，实作作业在判别入门技能上，也大有用武之地。譬如，在写作方面，我们可以在教学开始时抽取写作样本，建立一个基线，以此来测评学生今后写作水平的发展情况。如果在教学过程中我们把学生的作品作为档案保存下来，那么，据此作出的预测评，其价值将非比寻常。

预测评对教学促进作用的大小，取决于教学的性质，取决于对学生了解的程度，还取决于如何使用测评结果等。在新开代数课程时，算术预测可能颇为有效，但对于必备技能缺乏清晰界定的课程（如社会研究）来说，预测则可能毫无价值。同样，对不熟悉学生情况的新教师来说，基本技能测试对教学可能很有价值，但对深谙学生背景的老教师来说，意义则不大。另外，只有在打算查缺补漏，打算把学生安置到教学进程中最有利的位置，或者打算建立评价学生后续发展的基线时，预测评对教学才能起到促进作用。总之，要使预测评对教学产生最佳的效果，在进行教学设计时就要把它纳入总体设计中加以考虑。

教学过程中(形成性与诊断性测评)

在教学方案实施过程中,我们主要关注学生的学习进展情况,必须对诸如以下问题作出判断。

1. 学生的学习,在哪方面取得令人满意的进步?在哪方面需要帮助?

2. 哪位学生碰到了严重的学习障碍,需要补习?

用于监测教学过程中学生的学习进展情况的测验,称为形成性测验。形成性测验一般用来测试学生达到某一单元或某部教材的一个章节的预期教学目标的程度。形成性测验类似于教师们传统上使用的小测验、单元测验等,但强调:(1) 检测全部教学单元的教学效果;(2) 运用测验结果提高学习的质量(而不仅仅是评定一个分数)。形成性测验目的在于了解学生各自的学习情况,发现学生个体在哪些方面掌握得好,哪些方面掌握得不好,以便对教与学的过程进行调节。一般而言,如果多数学生在某道题或某类题目上出现错误,相关内容便需要重授;如果仅少数学生出现错误,通常则采取因材施教的方法,如利用教学辅助读物、电脑辅助教学及视听辅助材料,安排阅读作业等组织他们再度学习。这些矫正措施一般应针对用来测试不同教学目标的某道试题或某类试题的解题关键,以便学生在测验后能尽快纠正自己学习中的错误。

用实作题进行形成性测评,可采取对学生的作品(如代表作、绘画等)或某项活动过程(如发表讲话、操作机器等)进行阶段性测评并向学生反馈其优点和不足等。其目的在于,用形成性测验监控学生的学习过程,为改进学习提供矫正诊断信息。

如果学生的学习困难根深蒂固,难以根据形成性测验提供的矫正信息加以克服,便需要针对学生的学习困难进行更深入细致的研究。此时,诊断性测评便派上了用场。诊断性测评试图解答以下问题:除缺乏一定的综合知识或不知如何补救外,学生是否还有其他的学习困难?学生的德文阅读障碍,是他们的词汇量不够,还是语法掌握得不好?学生们不能将科学原理应用于新的情境,是他们未能理解原理,抑或是对专业概念理解不深,还是他们不熟悉新情况?可见,诊断性测评关心的是弄清学生错误的共性根源,以便更加准确地找到学习困难的根源及有针对地进行矫正。

通常,诊断性测评是在诊断性测验基础之上进行的。诊断性测验是对某一方面的知识进行的测试,一般采用较大的题量,并且,大题与大题间的变化较小,这样有利于发现学习障碍的成因。譬如,要诊断学生整数加法方面的障碍,编制试题时,我们可以一道试题不要求进位,一道试题要求简单进位,另一道试题则要求复进位,以确定进位是否就是学生学习困难的根源。可惜，在教学中，要编制诊断性测试题并非易事。所以，我们不得不更多地依靠对学生学习的观察和判断。

学习问题的诊断有一个把握度的问题。形成性测评用于确定学生是否掌握了所教授的教学目标，并且，为未达到要求的学生提供消除学习障碍的矫正措施。诊断性测评则用于更深入地查明形成性测评未解决的学习困难的成因。当然，这并不意味着形成性测评及诊断性测评可以解决一切学习问题。它们不过是有助于弄清和查明具体学习困难之所在，以便能采取恰当的矫正措施的一些手段和方法而已。诊断并矫正严重的学习问题往往需要进行一系列的测评，需要靠专业人员来进行。这里我们所要说明的是，在教学过程中怎样才能发挥形成性及诊断性测评应有的作用来促进学习质量的提高。图 1－2 所示的模型对此作了概括。

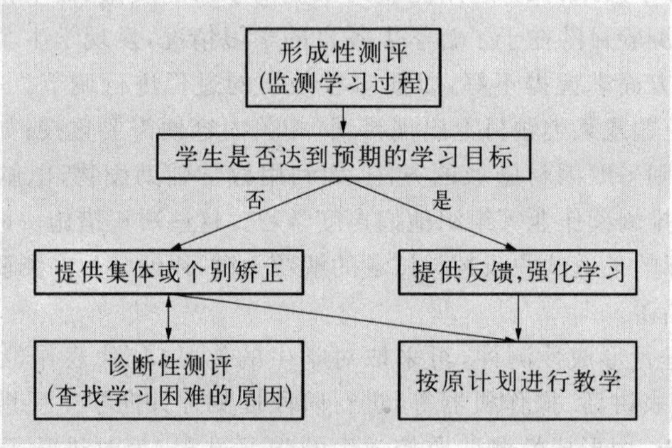

图 1－2　形成性测评的教学作用简图

教学结束阶段(终结性测评)

在一门课或一个单元的教学结束时，我们主要关心的是学生在多大程度上达到了教学的预期目标？教师必须对以下问题作出判断：

1. 哪些学生达到了教学要求，具备了进行后续课程或后续单元内容学习的水平？
2. 各个学生该得多少分？

在教学结束阶段进行，旨在检测学生掌握所学内容程度并作出评分的成就测评，称为终结性测评。一般来说，终结性测评所覆盖的内容是综合性的，并且，终结性测评既可采用考试方式，也可采用实作测评方法进行。终结性测评结果虽然主要表现为分数，但它应给予学生以反馈，并用来评价教师的教学效果。终结性测评模型请参见图 1－3。

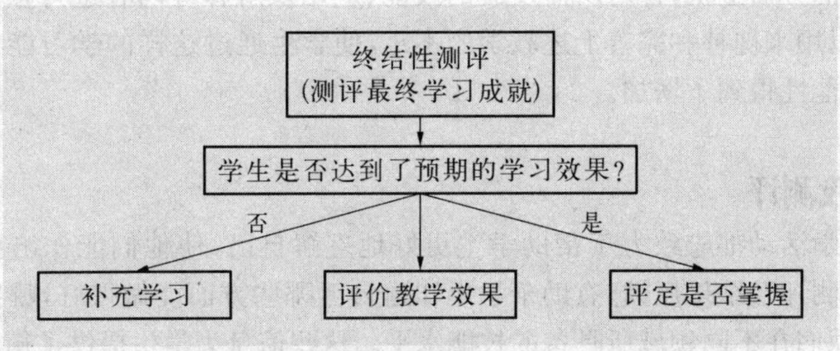

图 1－3　终结性测评的教学作用简图

测评促进学习的其他方法

如上节所述，测评有助于教师作出各种教学决策，直接影响学生学习。此外，测评还可通过多种途径促进学生的学习。

学习动机

认真制定的测评方案，可以对学生的学习产生以下直接的影响：(1) 为学生提供近期目标；(2) 区分教学任务类型；(3) 为学生提供学习进展情况的反馈。与告诫学生“有一天你会发现这个知识(或技能)是有用”的相比，近期目标更能激发他们的学习动机。预先知道要进行某项测评，往往能激发学习的积极性，并把这种学习积极性导向于测评的内容和任务方面。测评对学习的积极作用，很大程度上取决于测评客观反映了教学效果的程度，以及我们如何使用测评结果。譬如，如果我们不仅在教学中强调理论的运用，而且在测评中也重视理论的运用，那么，可以断定，这将把学生更多的努力导向学习如何运用原理方面。另外，如果学生能尽快得到测评结果，使他们清楚自己在理论运用方面的成功与不足，这种反馈将使他们自己更清楚地理解学习任务的实质，并且使他们自己明白需要如何调整才能实现有效的学习。可见，测评运用得当，能调动起学生更大的学习积极性，通过把这种积极性导向于学习目标，通过学习效果的及时反馈，便能起到激励学生为实现课程教学目标而努力的积极作用。

学习效果的保持与迁移

测评有助于把学生的学习努力引导到预期的教学效果方面，因此，测评可以用作促进学习效果保持与迁移的工具。一般而言，与知识水平层次的学习效果相比，理解、运用及解释水平层次的学习效果能保持的时间更长，并且迁移价值更大。借助于对学习结果的测评，包括对上述这些更加复杂的学习结果的测评，我们能把学习的注意力引导到重要的方面上来，针对所需发展的技能、应用及解释等内容进行强化训练。所以，测评可以用来裨补和完善上述教学的不足，使学生通过这样的学习能在较长时间内受益的可能性得到了增加。

学生的自我测评

任何教学活动都应致力于帮助学生更好地理解自己，使他们能作出更明智的决定。定期的测评及结果反馈，有助于学生知道自己哪些方面能做得好，哪些方面需要矫正，以及他们在不同领域所具备的技能水平。这些信息为学生提供了衡量自己优点及不足的客观基础。合理运用测评结果往往能为学习效果提供客观、公正的证据，评价结果也能顺利地、无扭曲地为学生所接受。当然，前提是测评准备充分，并且被用于提高学习效果，而不是用来威胁学生或给学生贴上标签。否则，由于学生通常保持着积极的自我认知，自我测评易受防卫心理的影响而失真。

教学效果评价

测评结果可以用来从多个方面评价教学效果。譬如，测评结果有助于我们判断教学目标是否切合实际，教学内容和方法是否恰当，学习的组织设计得如何等等。如果多数学生的测评结果偏差，问题有可能发生在学生方面，但更大的可能是发生在教学方面。或许是教师追求了学生不可能达到的学习目标，或许是教学内容过难，或许教师试图以低效的方法获取理想的学习效果。学生答题情况分析以及对测评结果的课堂讨论等，都能为找到教学困难的根源、采取矫正措施提供线索。

学生测评对教师的要求

一般认为，学生测评在有效的教学中具有重要作用。由美国教师联合会、美国教育测量协会及美国教育协会各方代表组成的一个委员会认为学生测评非常重要，于是，该委员会编制了题为《学生教育测评方面的教师能力标准(1990)》的报告。该报告审视了教师在测评学生上负有的责任，并总结概括了教师在测评学生方面的七条能力标准。以下内容，包括有关每条标准的简要说明，概摘自于这份报告。

1. 教师应善于选择符合教学决策需要的测评方法。选择恰当的、有效的、易于管理、技术运用充分、且公正的测评方法，是有效利用测评信息进行教学决策首要而必备的能力。

2. 教师应能熟练地开发符合教学决策需要的测评方法。教师们常常使用公开发表或从外校引进的测评工具，但是，他们在教学决策中用到的测评信息，大多来源于自己开发并实施的测评。

3. 教师应能熟练地实施测评、评定分数，并且，不论是外部测评还是自己开发的测评，教师应能对结果作出熟练的解释。教师仅能选择和开发高质量的测评方法是不够的，他们还必须能够恰当地运用这些测评方法。

4. 教师应善于将测评结果运用于学生个体的教育中去、教学设计中去、课程开发中去以及提高学校的办学质量中去。测评结果在教育决策中的运用分几个层次：用在学生的课堂教学方面；用于社区的学校及学区的决策方面；以及用于社会，一般用于有关教育事业的成果、教育事业的目的的决策方面。教师如能参与上述无论哪个层次的教育决策，并能真正有效地运用测评结果的话，那么测评将在决策中起到举足轻重的作用。

5. 教师应能熟练运用学生测评有效区分学生的等级。区分学生等级是教师专业实践活动的重要方面。区分等级既反映学生的成就水平，又反映教师评价学生成就的水平。运用测评有效地区分等级，道理人人都懂，问题在于教师要把它们贯彻落实到划分等级的具体实际中去。

6. 教师应善于与学生、家长、非专业工作者及教育工作者沟通交流测评的结果。教师须向学生、家长或监护人例行地通报测评结果。此外，他们还要经常性地与其他教育工作者及各种非教育工作者报告或者讨论测评结果。如果沟通不力，他们或者可能误用测评结果，或者将其束之高阁。要与他人有效地沟通、交流学生测评的结果，教师必须能够恰如其分地使用测评术语，并且，必须清楚地表达测评结果的意义、范围和建议。

7. 教师应善于识别测评方法及信息应用中不道德、不合法以及其他不恰当的行为。对学生进行测评的全部活动，从测评的初步设计、信息收集到测评结果的解释、运用及交流沟通，都必须建立在公正、各种合法权利及职业道德行为的基础之上。

《学生教育测评方面的教师能力标准（1990）》的完整文本发表在林和格朗伦德（Linn & Gronlund）著作的附录中（2000）。本报告没有版权问题，欢迎复制和散发。

要点小结

1. 近年来，反对过分注重笔试的声音一直不断，同时，出现了应当重视更真实、更有意义的实作测评的呼唤。

2. 完善的测评方案，既应包括笔试，也要有实作测评，各尽其用。

3. “成就测评”是一个大范畴，包含一系列用来确定学生在多大程度上达到了预期教学效果的多种方法。

4. 设计周密的测评如果能够成为教学过程的有机组成部分，必能取得更好的教学效果。

5. 测评可以用于检测入门能力（配置性测评）、监测学习进程（形成性测评）或者检测最终的教学效果（终结性测评）。

6. 成就测评能够激发学生的学习动机、保持学习效果、迁移学习效果、提高学生自评技能和检验教学效果。

7. 衡量教师开展学生测评工作质量的标准集中体现在以下几个方面：教师选择测评方法的能力、发展测评方法的能力、管理测评的能力、评分能力、解释和运用测评结果的能力、制定及划分有效等级的能力、交流测评结果的能力、识别不恰当测评方法的能力以及测评信息的运用能力等。

第二章 学生测评的实质

本章使读者能：

1. 描述考试和实作测评所需的条件，并说明理由。
2. 描述主要的测评方法，并能分别举例说明。
3. 从测评任务的现实性、复杂性、所需时间及评分主观性等方面区分考试与实作测评。
4. 列举有效进行学生测评的原则。
5. 描述效度和信度含义，以及它们在测评的制备过程中的作用。
6. 区分常模参照测评与标准参照测评。

如前章所述，“测评”一词外延宽泛，凡是确定学生在多大程度上达到预期教学目标的各种方法均涵盖其中，既包括考试，也包括实作测评。譬如，如果我们要测评学生的驾驶技能，用**客观性测验**(objective test)可测量驾驶的知识及交通规则，并且可通过规定内容的“路考”(即实作测评)，考核学生驾驶机动车的技能。交通规则考试，内容可以覆盖在实际驾驶中可能发生的各种情况。而若要知道学生驾驶技术如何，除了让他坐进驾驶室进行实际操作外，别无他法。两种测试同等的重要。知识考试反映学生掌握驾驶知识的情况，实作测评则反映学生驾驶技能的娴熟程度。

教师们往往喜欢使用选择题(如多项选择题、是非题或配对题)进行测验。原因在于选择题测验能在较短的时间内测试多个问题且易于实施、易于评分。此外，测验结果还可以用数字表示，便于记录、比较和报告。可惜在实践中，教师们往往局限于用选择题来检测事实和术语知识。多项研究表明，在教师自编测验中，80％～90％的内容集中在考查知识方面。无疑，这种偏重选择题，过多检测简单知识的做法，引发了寻求在真实情境中检验较为复杂的学习效果的测量技术运动。然而，这场实作测评运动又往往忽略了可以用笔试来测试大量复杂学习效果的事实。我们认为，只有把笔试和真实的实作测评结合起来，并且将二者均用来测评较复杂的学习任务，而不是像过去那样有失偏颇时，才能最有效地服务于教育。

测评方法的主要类型

测评方法差异迥然，概括起来，主要有四种类型（详见表 2－1）：选择作答的测验要求学生选出正确的答案或最佳的答案，如多项选择题、是非题或配对题。具体回答的测验要求学生用一个词、一个短语或完整的文章来作出回答。限制性实作测评关注学生完成刻意编撰的限制性作业的实作表现，譬如，命题短文、选择实验设备、测量湿度或使用电脑查寻资料等。延展性实作测评增加了更多综合性成分，减少了有客观标准的实作内容，如作文、做实验、预报天气或运用电脑解决问题等。此外，延展性实作测评特别强调综合运用知识和技能解决真实情境中的实作问题。如果涉及到作品（如短文），还可要求学生在提交前，先评论并修改自己的作品，以加大测验题的真实性。

通过考察各自有代表性的特点，上述测评的主要类型，还可进一步分解。表 2－1 对此作了概要说明。

表 2－1 测评方法比较概要

考试		实作测评	
选择作答	具体回答	限制性实作	延展性实作

测评任务的真实性
低←————————————————→高

测评任务的复杂性
低←————————————————→高

测评所需的时间
少←————————————————→多

评分的主观性
低←————————————————→高

测评任务的真实性

测评任务的真实性，指模拟实作的逼真程度。传统的选择题，要求从一组已知的备选答案中选出答案，真实性低。在现实生活中，几乎不会出现从有限选项中选择答案或者问题答案有客观标准的情况。延展性实作测评，力图模拟现实生活，比较贴近现实。要测评学生驾驶机动车的水平、操作机器、演讲或运用知识解决现实问题的水平（如怎样保护环境），便要求学生作出接近于现实情况的、具有多样性的解答。需具体回答的测验（如简答、论文）以及限制性实作测评，其真实性介于上述测验的两极之间。它们均有一定程度的客观标准，但有较大的解题自由发挥的空间，因而，与选择题相比，它们更真实。

现在，除了以延展性实作测评增加测评真实性的发展趋势外，出现了提高传统笔试真实性（使之更加贴近现实）的发展趋势。而且，还出现了编制测试较复杂学习效果的试题，以及在测试中采用更接近于实际的问题和步骤进行测评的做法。例如，数学题可以提供多于解题需要的已知条件，以观察学生是否能选择所需条件解决问题。科学题可以给学生自由空间，让他们选择解题方法，但要求学生证明所用方法步骤的合理性。有些测验把选择题变成需具体回答的试题，而有些测验则把两种试题合二为一（如说明为什么选择所选答案）。

测试任务的复杂性

选择题的复杂性及期望答案的性质[1]往往处在教育目标分类较低的层次水平上。人们虽能编制出测试理解和思维能力的选择题，但是，选择题一般只能呈现单一而确定的问题，而且要求以选择正确或最佳选项的方式作出选择。延展性实作测评却可涉及多种学习效果、综合利用源于各种原始资料的知识与技能，以及解决问题的各种方法和用多重标准评价实作结果（如制定在美国降低毒品交易的计划）的必要性。同样，动手实作具有复杂的动作，受到从各种不同学习经验（如演奏乐器、操作机器、修理电器等）中学到的知识和技能的左右。与前面讨论过的真实性一样，介于两极之间的是需要具体回答的测验。举例来说，论文测验可用来测试选材、整合和表达能力。但与实作测评相比，论文测验更加受限制，更加注重结构。

测评所需的时间

多数选择题可在较短时间内对一群学生施考，而且可以通过手工或机器快速进行评分。选择题的效率，无疑是它之所以能得到广泛运用的主要原因。而实作测评则往往特别耗时，有的测评任务可能需要若干天，甚至若干周才能完成（如实验研究）。还有的测试可能每次只能测一个学生（如演讲、操作机器）。对于绝大多数实作过程和实作结果的评价而言，都存在实施难和耗时多的问题。需要具体回答的测验，像论文测验，评分所需的时间一般比选择题测验多，但比实作测评则要少。

实作测评耗时多，限制了可纳入教学计划的测评题量，进而可能造成测评内容覆盖面过窄的问题。另一个问题是与其他测题相比，实作测评能有多大的覆盖面。我们可以把现实问题呈现给学生，但这些问题对于特定情境和不断变化的世界来说，往往是独特的，并不适合于其他的情况。因此，迁移学习效果成为了实作测评需要考虑的重要因素。如果测评能够成为教学的有机组成部分，并且可迁移的学习效果得到充分

---

〔1〕 指根据教育目标分类来看，试题期望答案的性质，认知领域的教育目标分类由低级至高级分为六个大类：知识、理解、应用、分析、综合、评价。期望答案如果是知识类或理解类的，试题期望答案性质则谓之偏低。——译者注

重视的话，那么，实作测评尽管耗时多一些，却是值得而且是必要的（如推理、批评性思维、心理活动技能）。

评分的主观性

不同试题评分中主观判断的程度相去甚远。选择题，无论类型如何，答案都只有正确与错误之分，因此，选择题的评分完全是客观的（如同样的答案，不同评分者评出的将是相同的评分）。论文式测验，答题时给了学生更多自由发挥的空间，从而也增加了评分的主观性。由于不同的评阅者对论文要点（如文章的完整性、构思、表达清晰等）给予不同的权重，而且会带着不同的个人偏见，所以，同样的文章，评分则不尽相同。在实作测评中的测试任务越综合、越复杂，越需要测评者对测评任务作出主观的判断。复杂的实作测评任务，要求综合运用各种知识与能力，并且可能有多种解题方法，这样的测评很难有类似于论文式测验那样的范例答案，因此，它们多半不受教师的欢迎。对于实作测评，我们很可能必须先确定优秀实作的**质量标准**（criteria），并据此编制**等级量表**（rating scale）或**评分指标体系**（scoring rubrics），然后，用等级量表或评分指标体系对学生的实作进行测评。上述每个步骤都建立在主观判断的基础之上。

纵观以上测评方法，可以清楚地看到任何一种测评方法都各有所长，又各具其短。当我们使用选择题测验的时候，我们可以扩大内容上的覆盖面，并且易于施测、评分和解释分数，但所有这一切是以牺牲真实性和某些复杂性为代价的。而当我们使用延展性实作测评时，我们的测评可获得高度的真实性，同时也增加了测评任务的复杂性，但是，测评所需的时间常常超出实际允许范围，而且实作评价还有较强的主观性。可取的原则是在符合预期学习效果测评需要的各种方法中，选用效率最高的方法。切不宜因测评方法耗时、难以评分或难于作出评判，而忽略了对复杂学习效果的测评。

有效测评学生的指导原则

课堂教学测评，主要目的在于提高学生的学习效果。这一目的只有在测评与教学有机地浑然一体，并满足各种基本条件时，才能最大限度地得以实现。下列指导原则为我们有效地开展学生测评提供了一个总的框构。

1. 有效的测评要求有清晰的预期学习效果。在教学计划和测评计划中，我们都需要反思：教学的预期效果是什么？我们以何种知识、理解、运用及操作技能作为教学成功的依据？在这个问题上，终始存在单纯重视知识的危险。原因是知识具有容易发现、易于表述和易于测量等特点。除非在这个阶段我们把较复杂的学习效果纳入计划，否则，复杂的学习效果很可能在测评中被忽视。我们需要根据学生的表现详细界定每个预期的学习效果，并制定好测评每个学习效果的计划。

2. 有效的测评要求测评方法多样化。每个特定的教学领域都有许多潜在的学习效果。这意味着在设计测评计划时必须把各种测评方法纳入我们的考虑范畴。一些学习效果可能需要用选择题来测试;另一些倚重表达能力的学习效果,可以用论文式的题目测试。操作技能测评很大程度上需要依靠主观判断,则需要使用等级量表或检核表进行测评。

对较复杂的学习效果的测评,可能最适宜采用综合测评方法。例如,要解决某个复杂问题,可能需要从不同渠道搜集资料、进行分析整合、写出解决问题的建议然后口头报告给某一个群体。同样,查找并排除机械故障,也许需要查阅技术手册、检查机器的声音、选择恰当的工具、测试机器的零件、进行必要的修理等。除了排除故障本身以外,实作的速度、方法步骤及其他类似因素也都可能成为测评的重要方面。在操作技能评价中,采用多元测评方法往往是惯例,概莫能外。

3. 有效的测评要注意测评与教学相一致。测评与教学相一致,指预期的教学效果、欲测评任务的范围和测评的步骤三者应保持一致,如图 2-1 所示。测评与教学相一致,也指我们必须有计划地把测评结果用于指导教学。课堂测试是否能为后续的补救性教学提供足够的诊断信息?是否能够把复杂的操作技能测评设计成对教学能起到直接积极作用的活动?这些问题及类似问题,是使测评与教学最大限度地保持一致所需要考虑的问题。值得注意的是,无论是教学,还是测评,其根本目的在于提高学生的学习效果。如果测评方案的设计是周密的,那么,测评就可以做到与教学浑然一体,相得益彰。

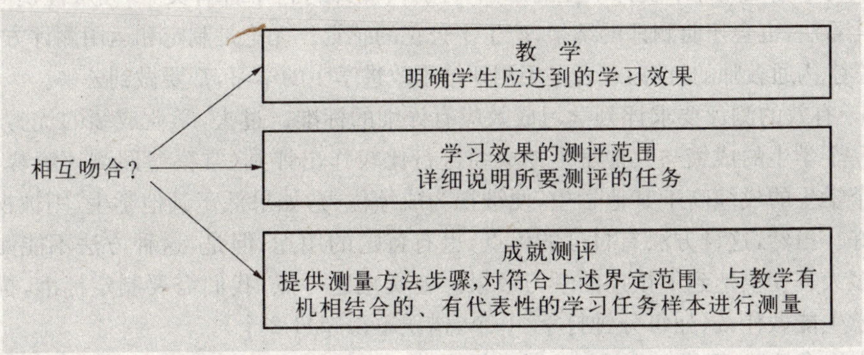

图 2-1 实现测评与教学相一致程序

4. 有效的测评要求测评内容有足够大的样本。测评实际上就是抽样。我们的教学通常涵盖大量的知识点与技能,但是,由于测评可用的时间有限及受其他因素的制约,无论在哪个专业领域,我们都只能对学生所学的有限部分进行测评。例如,在编制课堂测验时,学生应该掌握的词可能有 100 个,但在试卷中,我们只测试 20 个。所以,要根据学生在这 20 个词上的测验表现,推知他们对这 100 个词的掌握程度,我们不得不从 100 个词中选择有代表性的样本进行测试。假设这个样本足够大的话，那么我们便可以作出如下估计：20 个词，只要答对 18 个，就表明这个学生大约掌握了 100 个词的 90%（当然，还要考虑误差）。

在实作测评中，抽样也是个问题。例如，在驾驶技能测评中，要指望简短的一次路考涵盖驾驶中的所有问题是不可能的。因此，我们不得不勉强从各种驾驶问题中确定代表性样本。有意思的是，现在，为了使抽取的测试内容样本更具代表性，美国一些州把在高速公路上驾驶机动车这一内容纳入了考驾驶执照的测试中。

在课堂上进行的操作技能测评，抽样通常会碰到两个问题。以写作任务为例，我们可能碰到这样的问题：(1) 此项写作任务是否含有教学中所强调的写作能力的代表性样本？(2) 在此项写作任务中所表现出的这种写作能力，是否意味着学生在类似的写作任务中也会表现出同样的写作能力？延展性实作测评（如演说、做实验、运用数学解决实际问题）样本的充分性，由于耗时及实作具体情况的多样性和复杂性，始终成为制定测评计划重点关注的方面。

5. 有效的测评要求测评的方法、步骤对每个学生均公平合理。一个使每个学生都清楚地知道教学目标的测评方案，一个测评方法步骤与教学有机结合的测评方案，一个保障测评内容的抽样具有广泛代表性的测评方案，以及一个注重运用测评结果提高学生学习效果的测评方案，无疑有助于创造公平的氛围。同时，保障测评的公平，还须特别注意排除那些与测评目的无关的各种障碍，防止各种偏见的影响。测评指示语模棱两可、学生文字理解力不足或者完成测验所需的知识、能力超出测评范围，所有这些因素都有可能成为学生在测评中发挥不佳的肇因。同样，测评材料中含有关于种族、性别等方面的僵化看法，也会扭曲测评的结果，产生不公正的感觉。无论是制定和运用测评方法，还是与学生沟通教师的打算，或者是用测评结果改进学生的学习，都要做到公平。

6. 有效的测评要求评判学习成效应有详细的标准。过去，学业成绩的优劣，往往通过一个学生的成绩与其他学生的成绩进行比较作出评判（常模参照测评解释）。如果这个学生的成绩高于其他学生，便被视为成绩优秀；如果低于其他学生，则被视为成绩不好。虽然，这种方法有自己的优点，也有特定的用途；但是，这种方法不能测出学生在多大程度上达到了预期的学习效果。要实现这一点，我们需要制定标准，描述成功的学生能做什么（如每分钟打字 40 个，错误不得超过 2 个）。

在许多领域，要建立成效标准并非易事。但是，只要以可操作性词汇清楚地表述教学目标，成功程度的标准就不难建立。譬如，在词汇测评中，我们可以根据学生解释每个词汇的水平、运用它们造句的能力、区分同义词的水平，以及他们在写作中如何运用这些词汇等方面来界定什么是成功。另外，我们可以根据学生选择和使用设备、所做测量的精确性、采用的方法步骤，以及撰写的实验报告和结果分析等情况来描述何谓有效的实验操作。根据以可操作性词汇详细界定的成功标准，我们便能判断学生的学习达到的高度及他们的表现水平。各种具有独立性的分数、描述成效大小的评分指标体系、等级量表,以及凡是能十分有效地表现学生成绩的形式,都可以用来表述学习成功的程度。

学生应该明白教师对他们在学习上的期望,明白可以使用明确的学习成效标准量化学习的内容。在某些情况下,学生可以参与到界定理想学习表现的工作中来。例如,在准备口头报告时,开会讨论酝酿一下理想的口头报告的标准是什么并把它们逐一列出来,这样做可以引起学生关注高质量的口头报告标准,有助于他们提高口头报告的水平。这是将教学和测评有机结合起来提高学习效果的一条途径。

7. 有效的测评要求给学生反馈测评结果时要强调学习的优点及其需改进的弱点。把测评结果反馈给学生,是任何测评方案不可或缺的重要方面。要收到最佳效果,反馈必须符合以下要求:

A. 应在测评中或测评后及时反馈。

B. 反馈应详细、易懂。

C. 反馈应重点强调学习的优点及需要改正的错误。

D. 应针对需要改正的错误,提出具体的建议。

E. 应积极地指导学生提高学习效果及自我评价能力。

实作测评的直接目的在于提高实作水平。但是,如果我们要培养自主学习的人,即能够不断自我完善,提高实作能力的人,那么我们就应帮助他们发展自我测评的能力。因此,反馈必须既针对实作能力,又针对自我测评的能力。譬如,我们不仅要提出如何改进实作的建议,而且,我们还要为他们提供如何检查改进效果的建议,以及为他们进一步的改进提供决策方法。关于反馈,或许最后一个要考虑的问题是:它们是使学生更依赖于教师,还是更自主地学习?理想的答案是显而易见的,详见图 2-2。

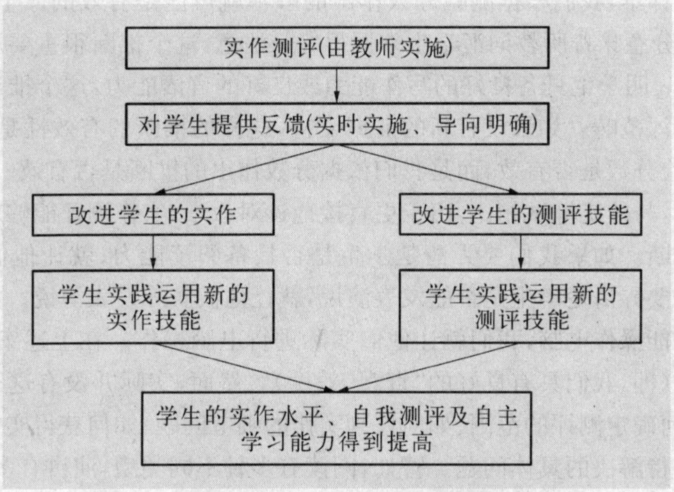

图 2-2 测评反馈的作用

8. 有效的测评须以综合等级评定及报告系统作为支撑。以各种方法实施测评后，教师根据客观性测验的分数对学生的学习成绩作出等级评定，这种现象在教学中极为普遍。然而我们所需要的是一个能够突出我们测评重点的等级评定及报告系统。如果一半教学内容用笔试进行测评，另一半用实作测评进行测评，且均采用同一种等级评定，那么两种测评的评分等级应该是等值的。当前，实作测评日益受到重视，要全面反映学生的发展需要更精细的等级评定和报告系统。把根据学习内容和学生作品作出学生的学业成绩报告反馈给学生、家长及其他人，这一做法的重要性正在日益彰显。这些较翔实的学习成绩报告与较精细的测评办法的采用是相辅相成的。

由于字母评分等级仍有某些用途（如高校招生），实行字母等级评定与较翔实的学习成绩报告并举可能是必要的。但不论哪种情况，等级评定和成绩报告过程都应当应证、支撑测评过程，教学开始时，便让学生知道，都应把学习的进展情况适时地反馈给学生。

测评计划的效度与信度

一项设计得好的测评应具有两大属性：**效度**（validity）和**信度**（reliability）。在测评的设计阶段，这两个属性是应关注的首要问题。本书的大部分内容均指向一个目的，即开发能够得出有效而可靠结论的教育测评方法。

效度，指我们在测评结果基础上作出的推断是否恰当，是否有意义。譬如，进行词汇测验，我们想把分数解释为所教授词汇的一个有代表性的样本。如果我们以下方面做得好：(1) 清楚地界定欲测词汇的范围；(2) 认真制作测验明细表；(3) 建立了有关试题的代表性样本，我们根据测验分数作出的解释就可能是有效的。于是，我们能够作出推断：高分意味着所教词汇学生掌握得好。注意，这个推断很重要。如果我们的推断是：高分表明学生具备良好的写作能力或良好的言语能力，这个推论则超出了我们所限定的测评范畴。如果没有新的证据支持，这样的推断的有效性是值得怀疑的。可见，并非测验分数是否有效，而是我们依据分数作出的推断是否有效。

一般认为，与传统笔试相比，由于更直接地针对教学，实作测评能够对学习情况作出更有效的推断。如果我们要弄清楚学生是否具备阅读能力，就让他们实际进行阅读。如果我们要弄清楚学生是否能发表演说，就让他们实际发表演说。如果我们要弄清楚学生是否能操作电脑，我们就让他们实际进行电脑操作。在上述案例中，实作题显然是有效的（即，我们具有良好的"直观"效度）。然而，实际并没有这么简单。在实作测评中，如何确定测评的范围、如何评判实作的细节问题、如何获得实作题的代表性样本等都是有待解决的具体问题。譬如，阅读有多种不同类型，演讲有多种不同类型，用电脑解决的问题也有多种不同的类型。每种类型都要求有自己的明细表及评分指标体系，而且由于实作测评耗时，测评内容样本往往比较有限。这就限制了我们从一道实作题成绩推知同范围中的另一实作题成绩的可能性。

无论是测验还是实作测评，我们都需要制定计划并寻求最能有效推断学习成绩的方法。这就涉及要选择适当的方法，认真作好实施这些方法的准备，有效地运用这些方法，进而在所测评的范围内，对结果作出推断性的解释。在测评结果运用中，我们理所当然地关心测评的效果。测评结果的运用是否能如预计的一样提高了学生的学习效果？这是一个与效度相关的，实实际际的问题，因为学业测评的主要目的是为了提高学习效果。

信度，指测评结果的一致性程度。举例来说，如果一个学生测验得 60 分，我们就可以说这个 60 分准确地反映了那个学生的测试成绩。因此，我们在不同的时间测验某个学生，或者使用等值但样本不同的试题测验那个学生所获得的分数应该是近似的。同样，如果一个学生在作文测试中得高分，我们要能认为这表明该生具有较强的写作能力，而且如果换由其他人来阅评该生的作文，所得结论亦将一样。测评结果的一致性表明，测评相对而言避免了各种误差。因此，测评结果我们是可以信赖的(即，它们具有“可靠性”)。

当然，我们不可能要求不同情况以及同一范围中的不同样本的测评结果完全一致。引起测评结果出现差异的因素很多，诸如样本的模糊性、差异性、被评者动机及注意力的波动，以及机遇等。同样，在评判实作题时，评价者个人的偏见也可能导致测评结果偏差。测评所要追求的重要目标是努力将各种误差控制到最小，使测评的结果尽可能的可靠。

信度，除本身的重要性之外，还是根据测评结果作出有效推断的必要条件。如果一项个别测验的分数在一定试题样本上有大的波动，那我们毕竟不能指望据此作出关于学生成绩的有效判断。同样，如果对某位学生参测作文作出的等级评定误差大的话，也不可能对其写作水平作出有效的判断。因此，信度反映了结果的一致性程度，结果的一致性为作出有效评判提供了可能。当然，结果的一致性只是作出有效判断的重要条件之一。我们可能一致地去测评错误的东西，可能使用不适当的方法，还可能超越测评范围作出评判。因此，信度是有效判断的必要条件，但不是充分条件。

测评的准备阶段是测评结果的效度和信度的基础。如果我们制定了明确具体的教学目标、界定了测评的范围、选择了贴切的、有代表性的测评试题，我们便为有效地评判成绩作了积极的准备。如果我们的测评题量充足，测评方法克服了傍生歧义、偏题怪题、无意暗示，以及其他可能使结果发生扭曲的因素的影响，我们便为测评的效度和信度奠定了良好的基础。实际上，关于编制成绩测验和实作测评的大多数建设性意见，都是关于提高测评结果的信度以及提高在测评结果基础上所作推断与解释的效度的。

有关效度和信度更详细的讨论，以及确定效度、信度的方法将在第十二章中再作介绍。对效度和信度缺乏深入研究，虽然也有可能作出高质量的测评，但是了解效度、信度等相关的基本概念，有助于我们提高在设计测评方法、对结果作出恰当的解释以及有效地发挥结果的作用等方面的能力。

表2-2介绍了提高测评结果的效度和信度的关键要素。该表明确指出，在策划和编制测评的早期，就要开始关注效度和信度，而不是到获得测评结果以后才开始关注。表2-2所列的测评方法，将在关于编制试题及实作测评的章节中进行详细阐述。在本章，我们仅强调了获取对测评结果作出有效和可靠解释的重要性，以及尽早把那些对于提高测评效度和信度至关重要的要素纳入测评计划的必要性。

表2-2　提高测评结果的效度和信度的关键要素

关键要素	实施的步骤
1. 明确教学目标。	1. 以可操作性词汇表述教学目标。
2. 学习任务的代表性样本，按教育目标分类作了明确的范围界定。	2. 描述欲测的范围和欲使用的样题。
3. 与欲测的学习效果相关的任务。	3. 将测评任务和表示学习效果的成绩进行比较。
4. 难度系数适当的试题。	4. 将测评任务的难度系数与学习任务、学生的能力和测评结果的用途进行比较。
5. 区分度高的试题。	5. 遵循编制测评步骤的原则和规则，提防可能会扭曲测评结果的因素。
6. 充足的题量以测量样本的代表性，提供可靠的测评结果，并对测评结果进行有意义的解释。	6. 学生年龄或测评时间限制了题量之时，宜尝试对结果作出解释、增加测评的次数及用其他证据证明测评结果。
7. 有利于高效开发试题、使用测评结果的方法。	7. 编写明确的实施指南和程序，以利于管理、评分或评判及解释。

常模参照测评和标准参照测评

学业成就测评可以用于：(1) 确定学生的名次；(2) 说明学生是否有能力完成学习任务。前者根据每个学生在学生总体中的相对水平作出解释(譬如，“在共有35名学生的班级中，他的成绩名列全班第三”)。这种方法称为**常模参照测评**(norm-referenced interpretation)。后者根据每个学生展示的专业知识和能力来作出解释(例如，“他能识别显微镜的各个部件，并能演示它的用途”)。这种解释测评结果的方法称为**标准参照测评**(criteria-referenced interpretation)(见框2-1)。两种测评方法各有其用。第一种方法，将某个学生的成绩与其他人的成绩相比，说明该学生的名次。

第二种方法，不以他人的成绩作为参照来说明某个学生在从事某一特定的任务时的表现。

框2-1 与标准参照测评近义的术语

范围参照评价	根据内在关联并清晰界定的一组试题（即“范围”），对测评结果作出的评判。其意义与标准参照测评相似。这个术语描述性强，但还是很少使用。
内容参照评价	如果把内容的界定范围放宽，涵盖既能反映内容又能反映过程（即学生解题过程）的试题，内容参照评价与范围参照评价则没有意义上的区别。目前，这个术语用得越来越少，正逐步为“标准参照测评”所替代。
目标参照评价	根据特定的教学目标对测试结果作出评判。每个特定的教学目标均用一组试题进行测量。目标参照评价通常又称之为“标准参照测评”。不过，如果仅限于针对各个不同的教学目标作出评判，名称还是限定性较强的更好。

严格地讲，“常模参照”与“标准参照”两个术语仅仅是解释测评结果所采用的方法。因此，两类测评可以同时用于一项测评活动。譬如，我们可以说：“约翰正确地列出25个化学反应方程中的20个（标准参照测评），所以他的成绩在90%的学生之上（常模参照测评）。”

但是，只有在专门用来解释特定的测评结果时，这两种测评才最有意义。一般而言，分数分布的跨度大，有利于采用常模参照测评，能根据学生的成绩有效区分学生。而对于能详细反映学生实作能力的试题，采用标准参照测评较方便。在测验中，意味着每项考试题量要大。在实作测试中，要详细反映学生的实作能力，则意味着实作题要能清楚地反映实作任务的哪些方面学生能够完成，哪些方面不能完成。

常模参照测评和标准参照测评适用各种类型的成就测评，但用于考试之时，二者的差异则显得特别明显。两类测评结果的解释方法分别适用不同类型的测试，它们的共性特点在表2-3中作了概括。需要注意的是，该表所列的是重点内容。譬如，常模参照测验一般（不是唯一）用来检测学生在广泛学习的基础上取得的成就。同样道理，标准参照测验一般（而不仅仅）用于检测对知识点的掌握程度。表2-3对每一种测试的特点进行比较，发现当用于不同用途时，这两种测试存在明显的区别。不过，把两种测试视为一个连续体的两极，而不是孤立的两个范畴，并且主张在编制成就测试试题时把两种测试的特点结合起来的观点也并不少见。

表2-3 成就测验的两种基本方法之归纳比较

	常模参照测验	标准参照测验
主要用途	调查测验	测验掌握程度
强调重点	测量成就测验中所表现出的个体差异	描述学生能够完成的任务

续

	常模参照测验	标准参照测验
结果的评判	将成绩与他人的成绩比较	将成绩与事先确定的参照指标比较
覆盖内容	通常覆盖范围较宽	一般集中于有限的学习任务
测验计划性质	常采用明细表	喜欢使用范围详尽的明细表
试题选择方法	选用区分度高的试题(以取得可靠性排名)。通常不选用难度低的试题。	凡充分反映被试实绩所需的试题均可采用。无需为扩大分数分布范围调整试题难度或剔除难度低的试题。
成绩标准	成绩根据在已知群体中的"相对"位置来确定(譬如在 20 人一组的被试中排列第五)。	成绩常根据"绝对"标准而定(譬如,能解释 90%的专业词汇即表明达到掌握的程度)。

在多数教学中,标准参照性解释更受欢迎。通过判断学生能完成哪些任务,哪些完成不了,我们可以为学生提高学习效果提供最佳的帮助。因此,课堂教学测评方案应建立在为标准参照评价提供手段和方法的基础之上。但是,如果我们关心的是学生成绩的相对位置,譬如选拔学生或划分学生类别(诸如跳级、分组、奖励及相对分级等)时,常模参照测评则是最有用的。

上述关于试题编制方法及实作测评方法的讨论,多数都将被用于各种测验和测评。值得我们注意的是那些由评价类型不同带来的显著差异。

要点小结

1. 学生测评的内涵应该扩大,要多注重对较复杂的学习效果的测评。

2. 尽管测评方法差异很大,但仍可以把它们分为:选择性测验、问答测验、限制性实作测评及延展性实作测评。

3. 选择性测验(如多项选择题)试题的真实性和复杂性最低,但易于施考,而且可以快速、客观地评分。

4. 具体回答测验(如论述题测验)的试题(如构思、整合与表达思想)所能测得的真实性及复杂性比选择性测验强。但是,答题比较耗时,而且评分较困难。

5. 无论是限制性的还是延展性实作测评,都可以以较高的真实性编制出来(如现实中的问题),以针对测评高度复杂的学习任务的需要。但是,实作测评需消耗大量的时间,而且评分具有较强的主观性。

6. 测评明智的策略是在测评每一项预期的学习效果时,应采用最有效的方法进行测评。但是不能因为测评方法比较耗时、较难评分或难以作出判断，而忽视对复杂的学习效果的测评。

7. 有效的测评要求对所有预期的学习效果要有清晰的认识、有多种与教学结合的测评方法、有充足的测量样本、测评过程对所有被测评者要公平、有判断成功的标准，要向学生提供及时、具体的反馈以及具有与测评方案有机统一的等级评定及报告系统。

8. 对任何测评而言，效度与信度是两个最重要的属性，必须在设计和制备测评时认真加以考虑。

9. 对测评结果欲作出有效、可靠的评判，需要清晰地界定学习效果，有与教学紧密联系的、有代表性的测题样本，有合理的评分系统，并且评判不受无关因素的影响，因为无关因素会引起误差。

10. 对测评结果的评判可以有以下方式：将某位学生的表现与他人进行比较（常模参照），或描述学生完成精心设计的任务时的表现（标准参照）。

11. 标准参照测评在运用测评结果促进教学方面具有举足轻重的作用；但选拔人才和甄别方面的考试，最好采用常模参照测评。

12. 在有些情况下，标准参照测评及常模参照测评可以整合用于同一项测评之中。

第三章 测评方案的制定

本章使读者能：

1. 列出在编制学生学习成就测评方案时应考虑的学生学习结果类型。
2. 说明教学目标预期的学习结果，并对教学目标作出操作性界定。
3. 编制测试明细表。
4. 说明选择题和问答题的优点。
5. 使选用的试题与欲测的具体学习结果相匹配。
6. 说明出题时所需考虑的因素。
7. 说明如何组题。
8. 编写明确的考试指导语。
9. 检查评价组题质量。
10. 完整实施一次考试。
11. 简要进行试题分析。

编制学生学习成绩测评方案应考虑以下几个问题：

1. 我们期望学生学会什么？
2. 什么样的学生表现表明学生的学习达到了要求？
3. 什么样的测评工具能够最有效地测评学生的表现？

第一个问题关注课程目标。课程目标由学校制定，但受学校所在州以及所在地区的影响。近年来，(美国)各州都已制定了**课程内容标准**(content standards)，为确定学生应知道什么和能做什么提供了准则。课程内容标准的制定促使各地区和学校对课程进行调整，更加重视对较复杂的学习结果的测试。

第二个问题关注用操作性术语表述教学目标的重要性。教学目标是各种预期学习结果的集中体现，所以，当然，教学目标要与课程目标一致，同时还要能适度反映学校的课程内容和各州的内容标准。归根结底，学生成绩的测评取决于我们期望学生学会什么，而我们期望学生学会什么又取决于学校的课程目标。教学目标只是一个用更加确切的表述来描述课程目标的一种方式而已。以更确切的表述描述课程目标的目的在于使教学目标既能用于教学又能用于测评。

第三个问题关注教学目标与测评方法的一致性。教学目标将预期学习结果用操作性术语具体表述出来，而测评方法则用于确定学生的学习表现达到满意的程度。对于有些学习结果来说，考试已经能够提供足够的证据，而对有的学习结果来说，需要用一些观察性的技术来测评学生表现的优劣（如作一次演讲），或者评价一项最终的成果（如书面报告）。有效测评的关键在于采用最直接而适当的测评方法。

预期学习结果的类型

在编制学生学习成就测评方案时，要考虑很多学习结果的类型。虽然学校的课程目标以及教学内容的性质很大程度上决定于欲测评学习结果的类型，不过，表 3 - 1 所列的各种不同类型的学习结果仍能给我们予提示，使我们不致遗漏重要的学习结果类型。本表还没有穷尽所有学习结果的类型，但十分清楚地为我们勾勒出了学习结果类型的大致范围，这个范围远远超出知识范畴，是我们在制定教学目标和测评方案时所应该考虑的。

表 3 - 1 预期学习结果类型

类　型	类别举样
知识类	事实 概念
理解类	原则 方法
应用类	过程 分析
推理类	比较 推测 概括 评价
可观察的技能	交谈 朗读 实验能力 动作技能 边工作边学习能力
作品	书面作品 绘画作品 设计方案 制作作品 问题解决

编得好的试卷能够测量认知领域内很多的学习结果，但是，学习者的技能和作品要求使用观察性的技术来评价，比如检核表、等级量表、整体评分基准等。

教学目标的作用

明确的教学目标是用操作性术语对预期学习结果作出的表述——这就是说，根据表现的不同，学生便可以证明他们已经达到了教学目标所规定的知识、理解或技能水平。学生表现可以说明学生学习结果的好与差，对学生的表现所作的描述可以为教学、为学生的学习、也为测评提供了核心依据。教学目标有助于教学、学生学习与测评三方面实现有机的统一。比如，教学目标强调问题解决策略，教学中，我们就会教学生怎样应用问题解决策略，学生们就会练习问题解决策略的应用，我们就可以测评学生在解决新问题中应用问题解决策略的技能。这样，教学目标、学习目标、测评目标便实现了有机的统一。如果教学开始之初我们就让学生明确这个目标，教师和学生就会共同为这个目标而努力，教学和测评便成为同一个过程中的组成部分。

表述教学目标

在表述教学目标时，有一点对我们很有帮助，那就是要记住我们不是在描述教学程序或学习过程。我们只是单纯地描述当学习活动结束时学生展示给我们的能够证明其学习成就的表现。这使我们可以使用各种各样的方法、材料、学习活动来达到预期的结果。

有用的方法是：先表述关于广义学习结果的一般教学目标，然后，用更加具体的语言对每一个一般性的教学目标进行限定，比如：

1. 理解科学概念。
   1.1 用自己的话说明所学概念。
   1.2 说明所学概念在科学中的作用。
   1.3 能够区分所学概念与相似的科学概念。
   1.4 能够在科学研究文献中使用所学概念。
   1.5 在解决问题过程中应用所学概念。

在一般性教学目标下所列的具体学习结果并不需要详尽无遗，它们只是作为学习表现的类型的样本，表明它们是能够接受的，用以表示学生已经达到教学目标的要求依据。表述教学目标的一般方法见专栏 3-1。这些方法的具体应用在稍后讲述测试规划的单元中加以说明。

专栏 3-1 表述教学目标

以下步骤为表述教学目标提供了指南，在教学及测评中有广泛用途。

1. 表述一般性目标：
   1.1 把每一个目标当做预期学习结果写出来。

续

1.2 用操作性术语陈述每一个预期学习结果。
1.3 每个操作性术语以动词开头(如“知道”、“理解”)。
1.4 表述每一个目标使其概括性足以区分具体学习结果的所属领域。

2. 列举并表述具体学习结果：
2.1 用具体学习结果有代表性的样本详细说明每个一般性教学目标。
2.2 每项学习结果均用行为动词开头,说明可观察得到的学生表现(如“挑选”、“描述”)
2.3 具体学习结果代表性样本的数量应满足说明一般性教学目标是否达到的需要。
2.4 检查确保具体学习结果与一般性教学目标相一致,一般性教学目标与学校的教育目标相一致。

确定样本目标的辅助资料

在开始认识及确定教学目标时,回顾一下各种观点的资料非常有益。在下列资料中,我们可以找到预期学习结果和样本目标的例证范围。

1. 教育目标分类学。这个分类纲目已不鲜见,但它的确提供了认知、情感以及动作技能三个领域的教育目标分类。每一领域又分为不同的类别和亚类,它们为识别或划分各种教育结果提供了依据。比如,认知领域包括以下几个主要的分类(Bloom, 1956)：

a. 知识(记得先前学过的材料)。

b. 理解(掌握材料的意义)。

c. 应用(在真实情境中使用信息)。

d. 分析(将材料分解为组成元素)。

e. 综合(将元素组合为整体)。

f. 评价(使用一定的标准对学习材料等作出价值判断)。

这些目标分类按其复杂程度的顺序而排列,并且,在教育目标分类学中,这些目标分类又有进一步描述教育结果类型的亚类。要了解分类体系所有三个领域例证性的详细描述,请看本章最后部分格朗伦德(Gronlund, 2000)的阐述。

2. 与学生的课本配套的教师指南。教师指南中包含教学目标,但是趋向于注重较低水平的学习结果,也许描述得不全面,而且很可能与课程目标不是结合得很紧密。但是,这些指南值得我们认真研究,以便更好地了解可能出现的教学效果,同时也可以对指南适当加以修正,使其更加实用。

3. 教育组织的出版物。每一个主要的教学领域都有许多组织,发行一些非常有用的教学出版物,其中包括一些建议性的教学目标。比如说全美理科教师协会、全美数学教师理事会、全美英语教师理事会、全美社会研究理事会都定期发行年鉴和教学出版物。最近的出版物主要涉及与新近推行的课程相一致的学习结果,注重推理与解决问题的技能。

4. 描述课程内容标准。大多数州都已经制定内容标准,这些标准可以指导如何确定在课程领域内学生应该知道什么和能够做什么。这些标准特别注重复杂的学习结果，重点在于理解概念和解决问题的技能。因此，它们也许不能代表课程领域的全部课程，但却可以作为一个制定地区和学校目标的参考框架。其目的是将学校课程转化为思维课程，从而更好地改进教学与测评。

图 3－1 列举的是加利福尼亚教育局开发的两条内容标准。标准后都配有例子，说明学生是否达到标准。虽然这些标准可以作为范例和样板，但并不意味着任何人都要不折不扣地遵循这些标准，地区与学校在课程开发中可以使用这些标准。

生命科学的重点

细胞生物学

1. 所有的生物有机体都由细胞构成，有的是单细胞，有的是无数个细胞，这些细胞通常只能在显微镜下看到。作为理解这一概念的基础：
   a. 学生知道所有生物细胞的功能都是相似的。
   b. 学生知道区分植物细胞与动物细胞的特点，包括叶绿体及细胞壁。
   c. 学生知道细胞核是动植物细胞储藏遗传信息的场所。
   d. 学生知道线粒体释放供叶绿体细胞捕获太阳能的能量，从而进行光合作用。
   e. 学生知道细胞通过有丝分裂增加其数目，从而产生两个具有相同染色体的子细胞。
   f. 学生知道随着多细胞有机体的发展，它们的细胞就分离。

调查与实验

7. 提出有深度的问题及进行仔细的研究促进科学上的进步。在有了对概念及其他三个分支的理解、掌握的基础上，学生应该提出他们自己的问题，应该进行调查研究。学生将要：
   a. 选择并使用适当的工具及技术（包括计算器、电脑、天平、弹簧秤、显微镜及双筒镜）来进行研究，收集并展示数据。
   b. 使用多种多样的印刷及电子资源（包括互联网）来收集资料和证据，以此作为研究报告的一部分。
   c. 交流有逻辑的相关的假设、科学概念、进行的测试、收集的资料及由科学依据得到的结论。
   d. 建构比例模型、地图及有标记的图表来交流科学知识（比如地球板块运动及细胞结构）。
   e. 以书面报告或口头展示的形式交流调查步骤及结果。

图 3－1 加利福尼亚内容标准范例——7 年级

资料来源：加利福尼亚公立学校内容标准，版权 2000，加利福尼亚教育局。获得使用许可。

学校课程中需要反映各州的内容标准，标准注重更为复杂的学习结果。虽然州的内容标准由于过于笼统而很难直接应用于教学与测评中，但仔细学习后会发现它们对准确阐述教学目标非常有用。强调标准化教学和标准化测评的学校在制定教学目标时有必要关注各州的内容标准。

准备与使用学业成就测评

准备与使用一种平衡的方式测量预期的学习结果的测试涉及以下几个步骤：

1. 明确教学目标。

2. 制定考试内容规范。

3. 编写相应的题目。

4. 把题目组合成试题。

5. 编写明了的考试指令。

6. 评价组合好的试题。

7. 施考并作试题题目分析。

以上的这些步骤都要一一进行论述，学生成就测评将在第七、八、九章中论述。

详细说明教学目标

如前所述，制定教学目标的第一步是将总的目标列成预期的学习结果。以下的清单旨在举例说明作学业考试计划的程序。

在做完成绩考试的计划后，学生应能：

1. 掌握常见术语的含义。

2. 了解做考试计划的细节。

3. 知道做学业考试计划的基本程序。

4. 理解编制考试的相关原则。

5. 在编制考试计划中应用这些原则。

这些关于一般性学习结果的描述不仅仅局限于某一门课程内容，所以它们只需稍做修改便可被广泛运用。我们会发现，考试内容规范将预期的学习结果与欲测试的课程内容有机地联系起来。

这些描述如果进一步细化，这个表述一般性学习结果的清单的适用面会更大。有时，这样做会得到满意的结果。描述一般性学习结果清单中的项目数量的多少是随意性的，但是，如果项目数量控制在5～15条不仅有价值，而且易于掌控。一般而言，对于一个学习单元来说，清单条目短一些较为合适，但是，如果是课程结束时的终结性考试，则需要一个更为全面的清单。

用具体的语言界定一般性的学习结果

列出一般性学习结果，并对其作出描述，然后将学生具体的学生表现的类型列出来，这些表现是作为学生达到学习结果的证据。比如，什么具体的表现类型表明一个学生“掌握了常见术语的含义”或者“理解了考试的相关原则”？对于这两点，具体的学习结果可如下所列：

1. 掌握术语的含义。

1.1 辨认常见术语的定义。

1.2 在上下文中使用这些术语时能够区别其含义。

1.3 在基本含义的层面区分术语。

1.4 能够选择最恰当的术语描述考试程序。

4. 理解考试的相关原则。

4.1 用自己的话描述每一条原则。

4.2 给出一个具体的例子说明每一条原则。

4.3 解释每一条原则在考试计划的主要步骤中的相关性。

4.4 预测违反每一条原则可能的后果。

4.5 阐明一个考试计划与这些原则的一致性。

注意：我们用术语来描述能说明学生表现好坏的具体的学习结果，这些效果要能够让局外的观察者看到。也就是说，它们是一些能够观察得到的、由考试题目引起的反应。下面所列的是一些关键的术语，强调如何用学生的具体表现来界定学生的学习结果。

辨别	配对
区分	解释
选择	预测
描述	阐明

用诸如此类的行为动词能够准确地表述学生能够做什么，学习成就的大小。应该避免使用那些模糊的、含义不清的术语，如“学习”、“看到”、“意识”、“熟悉”等，因为这些术语不能清楚地说明最终要测量的表现。

表 3-2 中列出了一些能够描述具体学习结果的行为动词样本，这些动词是分类学中认知领域各个层次的示例。尽管有些行为动词可能用于几个不同的层次（如辨别），表 3-2 中所列动词对用学生的表现来界定预期的学习结果还是有用的。更多较综合的行为动词，请看本章结尾引用的格朗伦德（2000）的列表。

表 3-2 用于界定分类学中认知领域的目标的行为动词范例

分类类别	描述具体学习结果的动词举例
知 道	辨别、命名、界定、描述、列举、配对、选择、概述
理 解	分类、解释、总结、转换、预测、区分
应 用	说明、计算、解决、修改、排列、操作、联系
分 析	区别、图解、估价、分离、推断、排序、再分
综 合	结合、创造、阐明、设计、创作、建构、重新排列、修改
评 价	鉴定、评论、比较、论证、结论、区别、支持

当我们用具体的表现界定一般性的学习结果时，往往不可能把相应类型的所有表现都一一罗列出来。需要列出的比例的大小取决于考试所涵盖的范围的大小。如果

是准备一个标准参照考试，即测量学生已经掌握了哪些学习任务，所列出的行为动词清单应尽可能地全面。但是，如果是常模参照考试，即将某一个学生的成绩与全体学生的成绩作比较，以便找出他在全体中的位置，那么，我们就需要列出具体的足够说明学生表现的类型，以便弄清楚获得预期结果的学生是一种什么类型的学生。

制定考试内容规范

试题应该依据精心准备的考试内容规范编写。考试内容规范的作用在于描述将要测量的领域以及提供一个具有代表性的考试任务样本。尽管我们并不期望考试内容规范的具体内容和性质千篇一律，但我们还是要推荐一个较为常用的准备过程。在制作一份**成绩测试**（achievement test）试卷时，最常用的方法之一就是使用一个双向的表，即考试内容规范表。

制作考试内容规范表

制作一个考试内容规范表包含以下三个步骤：（1）挑选出我们要测试的学习结果；（2）概括出课程内容的要点；（3）做一个双向表格，描述考试所要包含的题目样题。

挑选要测试的学习结果 一门课程的学习结果根据课程的具体性质、以前的课程达到的目标、学校的教育理念，学生的特殊需求以及其他对教学会产生影响的地方因素而定。大多数的教学目标都会包括下列学习结果：（1）知识；（2）认知能力和技能；（3）一般技能（实验、表现、交流、工作效率）；（4）态度、兴趣、赏识。成绩考试对于认知领域的前两个方面最为有用。其他领域的学习结果一般来说可通过等级量表、检核表、轶闻趣事、有关事件的详细记录、显著的评价过程等进行评价。因此，第一步要做的就是从学习结果清单中将那些能够用纸笔测试的项目分拣出来。分拣出来的项目应该能够像前面已经描述过的那样用具体的术语界定。说明由考试引起的具体的表现类型有利于今后考试题目的制作，也才能保证和题目与预期的学习结果相关。

概括课程内容 明确描述的学习结果让我们清楚地知道学生应该对一门课程的课程内容作出什么样的反应。尽管可以把学生的表现和具体的课程内容综合在一起表述，但理想的做法是将二者分开。因为学生可能对不同的课程内容作出相同的反应，也可能对相同的课程内容作出很多种不同的反应。比如，当我们说一个学生能够“用自己的话对一个概念下定义”、“回忆一个具体的事实”或者“举例说明某一原则”。这些类型的表现适用于大多数课程内容的测试。由于特定的学生表现类型能够涵盖各种各样的课程内容范围，反过来，各种各样的课程内容也能够涵盖各种各样的学生表现，那么，比较方便的做法就是将它们分列出来，然后在考试内容规范表里使它们关联起来。

出于教学的需要，可以详细概括一门课的内容。但是，为了做好计划考试，则只需要列出主要的类别。下面以一个单元的学习成绩考试为例来说明对课程内容概括的详细程度。

A. 教学过程中考试的作用
  1. 教学决策与考试类型。
  2. 测试对教与学的影响。
B. 成绩考试的原则
  1. 与教学目标的相关性。
  2. 表征的样本。
  3. 题目与学习结果的关系。
  4. 测试与使用测试结果的关系。
  5. 结果的信度。
  6. 对学习的促进。
C. 常模参照考试与标准参照考试
D. 计划考试
  1. 决定考试的目的。
  2. 列出预期的学习结果。
  3. 准备考试内容规范。
  4. 编制相关的考试题目。

制作双向考试内容规范表 选择好学习结果并对其作了明确的界定，概括了课程内容之后，接着要做的就是准备双向表，双向表也称为**考试内容规范表**(table of specifications)，把学习结果同课程内容联系起来，并指出每个内容相应的权重。如前所述，考试内容规范表的目的是为学习结果和课程内容测试提供一个表征样本。

表 3 - 3 是单元终结性学习成绩考试内容规范的一个范例。注意，表中包含了一般性的学习结果和主要的课程内容。为了做好考试，也许还需要制定一个更为详细的考试内容规范表，但作为例子这已足够详细。

表 3 - 3 单元终结性学习成绩考试内容规范表

结果 / 内容	知道			理解原则	应用原则	题目总数
	术语	事实	过程			
教学过程中考试的作用	4	4		2		10
考试原则	4	3	2	6	5	20
常模参照与标准参照	4	3	3			10
计划考试	3	5	5	2	5	20
题目总数	15	15	10	10	10	60

表中每个数据表示各个方面题目的数量。比如，15 个题目是测量对术语的掌握程度，其中的 4 道题是属于“教学过程中考试的作用”，4 道属于“考试原则”，4 道属于“常模参照与标准参照”考试，3 道属于“计划考试”。题目数量的多少根据每一项学习结果在课程内容中的重要程度来定。

决定每一项学习结果和课程内容权重大小要考虑一系列的因素。每一个领域在总的学习经验中的重要性如何？每一项学习结果和课程内容占用了多少教学时间？哪一项学习结果的迁移价值更大和持续时间更长？专家们对于每一课程的知识赋予了什么样的重要性？这些以及其他类似的标准都是应该考虑的因素。但是，在最终分析时，表中权重的分配应该切实地反映教学的重点。比如表 3 - 3 中，其假定“计划考试”(20 题)的重要程度是“常模参照与标准参照”考试(10 题)的两倍。同样，表中还假定对知识掌握的效果在教学过程中占据了大约三分之二的重点(40 题)，而理解和应用结果只占大约六分之二的重点(每项 10 题)。

总之，准备考试内容规范表包括以下步骤：

1. 区分出学习结果和要考试的课程内容。
2. 根据其重要程度给每一项学习结果和课程内容分配相应的权重。
3. 根据权重大小制作表格，分配相应的题目数量，放入表中恰当的位置。

双向考试内容规范表的结果以一种平衡的方式标志测量学习结果和课程内容所需要的考试题目类型，因此，双向考试内容规范表对于考试试题编写者来说就如同一个蓝图，它将考试题目数量和性质加以细化，为编写考试题目提供了一个指南。

编写试题时需要考虑的因素

如果清楚界定了预期的学习结果，认真制作考试内容规范表，那么编写考试题目就容易多了。试卷的质量取决于出题者在多大程度上依照考试内容规范表。这里，我们提出一些一般性的要求(关于试题编写程序和规则，详见下一章)。

选择将要使用的考试题目类型

成绩考试题有两大类，**选择题**(selection-type)和**问答题**(supply-type)。选择题给学生一组可能的答案，学生在其中选择最恰当的一个答案。问答题要求学生创作或提供他们自己的答案。这两大类型的题目包含了如下几种广泛使用的题型。

选择题

1. 多项选择
2. 对与错判断
3. 配对
4. 解释型的练习

问答题

1. 简答题
2. 论述题(限定性的答案)
3. 论述题(扩展性的答案)

这些类型的题目有时候被称为**识别**(recognition)或**回想**(recall)题。这是一个错误的说法,因为它混淆了作出反应的方法和作出反应所需要的心理反应。当我们测试某些事实时,考试反应可能局限在识别或回想答案范围。但是,当我们用选择题测量复杂的学习结果时,就不仅仅是通过识别先前学过的知识的方法来获得答案。在选择正确答案之前,这一过程涉及一些高级心理过程(比如,语言或数学推理)。同样,一个简答题可能要求答题者进行推理或解决问题,而不是简单地回想后提供事实性的信息。当然,论述题除了需要回想技能之外,一般还要求分析、综合、评价技能。运用选择和问答让我们清楚地知道反应是如何作出的,但是,这并不限制我们想测试的学习结果的类型。

要决定一份考试卷中需要使用哪些类型的题目,其总的原则是:使用那些能够直接测量出能够说明预期学习结果的学生表现的试题。因此,如果你要确定学生是否会拼写,那就让他们听写。如果你要确定学生是否能够解数学题,那就让学生解数学题,并做出正确答案。如果你要知道学生是否会写作,那就让他们写点东西。在迫不得已时,可以用选择型题目测试本该用问答题测试的结果(比如,使用电子记分),在解释测试结果时考虑使用更加间接的测量方法。当然,在某些情况下,两种类型的考试题型都适用。比如,写作是证明学生的写作技能的最佳方法。但是,选择型题目能够系统地测试语法要点,这些要点是学生进行有效写作过程中必不可少的。

有些课程的学生学习成绩可以用以上两种题型测量,效果一样。在这种情况下,我们选择题型主要是根据题型的特征而定。编写选择题较为困难,而且学生还可能通过猜测得到一定比例的正确答案,但是,以下几点可以弥补这些缺陷:(1) 选择型题目评分客观、快捷(也就是说,评分的人对答案没有异议);(2) 可以消除蒙骗;(3) 可以消除编写技能带来的影响;(4) 能够提供更多可以说明学生表现的样本(由于题量大);(5) 可以辨别出学生学习上的具体错误。相比之下,问答题更容易编写(尽管比通常想象的要难),但却难以评分。简答题的评分受到正确答案的差异性和修改拼写错误等因素的影响。论述题的评分乏味、费时,受蒙骗与写作技能、判分过程中标准不一等因素的影响。问答题的另一缺陷是能够测量到的学习任务的样本有限。简答题主要用于测量学生对知识掌握的情况。虽然论述题适合于测量较复杂的学习结果,但是,在一套考试卷中由于题目数量的限制,测量的样本也有限。

表 3-4 对选择题和问答题的优缺点作了一个总结。尽管这个总结可以作为出题时选择题型的参考,但是,如前所述,出题时要把握的最大的问题是:这个题型能最直接地测量预期的学习结果吗?如果各种类型的题目在测量学习结果时的效果相同,那

么选择题将是首选，因为它涉及的样本面广、答案客观，还能够准确地找到具体的错误所在。

表 3－4　选择题和问答题的优缺点

特　点	选择题	问答题	
		简答题	论述题
测量事实性信息	是	是	是(*)
测量理解力	是	不(**)	是
测量综合能力	不(**)	不(**)	是
易于编写	不	是	是
测量样本大	是	是	不
消除蒙骗	是	不	不
避免编写技巧的影响	是	不	不
消除瞎猜	不	是	是
容易评分	是	不	不
评分客观	是	不	不
准确定位学习错误	是	是	不
鼓励创新	不	不	是

(*) 论述题虽然能够测量事实性的知识，但由于评分和采样的问题，在此不应该使用。
(**) 这类题目可以在一定范围内测量这些特征。

使题目与具体的学习结果相一致

有效的学习成绩测试要求有一套或一组题目来测量预期的学习结果。我们从不敢肯定哪一类题目和哪一种学习结果完全一致，但下面的例子则说明如何编写题目才能测量出具体的学习结果中确定的学习表现类型。

例题

具体的学习结果：学生用自己的话对术语下定义。

指令：用一句和两句话给下面的术语下定义。

1. 分类学
2. 认知
3. 测量

4. 评价

具体的学习结果：列出编制考试计划的程序和步骤。

1. 编制一套成绩考试计划时，最先做的是哪一步？

A. 选择考试题型。

B. 决定试卷的题量。

*C. 清楚地界定预期的学习结果。

D. 编写考试内容规范表。

具体的学习结果：分辨出目标分类中认知目标的层次等级

1. 下面哪一类别的目标属于最高的学习层次？

A. 分析。

B. 应用。

C. 理解。

*D. 综合。

具体的学习结果：区分出合理与不合理的成绩考试的原则

考试指令：阅读以下几个陈述句，决定其是否符合成绩考试的原则。如果合理，请在S前画*，如果不合理，则在U前画*。

*S　U　1. 要测量的具体的学习结果以学生的成绩表示。

S　*U　2. 成绩考试应该限定在能够客观测量的效果之内。

*S　U　3. 每一道考试题目都应该测量明确界定了的学生的表现。

具体的学习结果：辨认下列表述得恰当的学习结果

1. 下面哪一个学习结果是以恰当的学生的表现来表述的？

A. 学生在教学过程中意识到了考试的重要性。

B. 学生已经获得了成绩考试的基本原则。

C. 学生表现出想获得更多编制试题的经验的愿望。

D. 学生能够预测出违反试题编制原则所产生的最大的后果。

应当注意的是，在这些例子中，每一个具体的学习结果都准确地界定了要测量的学生的表现。试题只是一个任务或作业，可以帮助我们测量学生的表现。

提高题目的功能性内容

如果想用题目测试预期的学习结果，就必须特别注意题目的措词。我们必须消除一切障碍，防止出现学过相关知识的群体无法对题目作出回应的情况，也应该消除一切可能让没有学过相关知识的群体作出正确答案的提示。总之，须保证只有那些确实达到了欲测量的学习结果的人能答对题，其他所有人（无论其有多么聪明）都做不对。

在编制试卷时应该避免的常见错误包括：

● 生僻的词汇。

● 不必要的复杂结构句型。

● 含混不清的表述。

● 不清楚的图解材料。

● 不清楚的考试指令。

● 包含有种族、民族、性别歧视的材料。

在计划和编制试题时就意识到这些错误是消除障碍的第一步。一般而言，我们可以通过以下几种方法来消除这些障碍：(1) 编写的每一道题目都明确地表达一个任务；(2) 用简单、清楚的语言表述；(3) 不使用有歧视性和功能性不强的材料；(4) 使用有助于提高考试效度的试题格式和考试指令。本书后面几章讲的都是有关试卷制作以及如何防止无关因素干扰考试结果的内容。

在编制试卷时应该避免的常见错误还包括：

● 可能泄漏答案的言辞上的联系；

● 可能出现的造成排除错误答案的语法错误；

● 造成某些选项可能成为答案(如有时)和其他选项不可能成为答案(如总是)的特定的限定词；

● 正确答案老套的表述法或教科书中的表述法；

● 正确答案的长短或所在的位置；

● 一道题目中的材料为另一道题目提供了答案。

正如控制无关因素能够提高试题的质量一样，在编制考试卷时应该遵循一定的合理的原则，也能够避免常犯错误。本章中提出的很多编写试题和试题准备方面的规则都适用这一目的。

确定试题的数量

如前所述，考试内容规范表应对题目的数量作出明确说明。而且还要根据实际需要进行修订。如：

1. 参加考试的学生的年龄。

2. 考试时间的长短。

3. 考试题型。

4. 考试结果的解释方法。

对于小学生的考试，考试时间一般不超过 20 或 30 分钟，这样学生可以保持恰当的学习动力。在中学或大学，考试时间可以长达几个小时(比如终结性考试)。但是，大多数的考试时间都限定在 40～50 分钟以内为宜，因为典型的一节课的时间也就在

40～50 分钟。

为了使考试题目的多少与考试时间长短一致，我们面临着一个估算学生每分钟能够完成多少题量的问题。不幸的是，还没找到一个简单的答案。考试的结果取决于题目的类型、要测量的学习结果的复杂程度，以及学生年龄的大小。一般的原则是：如果是测试知识要点，高中生、大学生应该能够在一分钟内完成一道多项选择题、三道简答题、三道对错判断题。如果是测试诸如理解、应用层次较为复杂的学习结果，参加考试的学生年龄较小，每道题目需要的时间就要更长一些。在估算题量时一定要考虑学生群体中那些动作较慢的学生，因为较为理想的是给所有的学生都有完成考试的机会。对于一个既定的学生群体而言，要根据平时的经验来决定试题量的大小。

除了考虑整个试卷的长度外，还应考虑所测试的每一内容的题量的多少。这一点在标准参照考试中尤其重要，因为标准参照考试主要测试学生对预期学习结果掌握的情况。为了达到这一目的，每一个预期的学习结果至少需要有 10 道题目。如果实际条件有限，测试预期的学习结果的题量可以少于 10 题，但只能暂时对效果作出评判，待使用其他测试方式加以证实。在有些情况下，可以通过将单一的题目组合成更大的题目集合，使测试结果的解释更有意义。参见专栏 3-2 的考试计划评价检核表。

专栏 3-2 考试计划评价检核表

1. 考试的目的明确吗？
2. 预期的学习结果清楚吗？明确定义了吗？
3. 预期的学习结果是依据学生的表现(可测量的)来描述的吗？
4. 准备说明考试性质和题目分布情况的考试内容规范表了吗？
5. 试卷中的题目能否表征学习范围中的任务？
6. 试卷中的题型对于测量预期的学习结果来说合适吗？
7. 试题的难度对于接受考试的学生来说合适吗？对于测量的性质来说合适吗(如掌握或者调查)？
8. 题目的数量对于参加考试的学生、用于考试的时间，以及考试的性质来说合适吗？
9. 考试计划是否包含了能保证分数的有效性和可靠性的特性？
10. 考试计划是为了组题、编写考试指令、评分以及使用考试结果吗？

编写题目的一般性指导原则

有很多一般性的指导原则适用于所有题目的编写，这些一般性的框架对于题目的编写是有益的，遵守这些原则，就能够编写出信度和效度较高的题目。

1. 选择那些最能直接测量预期学习结果的题型。如果提供答案是完成一项任务的重要组成部分(如写作)，那就使用问答题。如果合适(如识别)或者两类题目都能获得相同的结果，那就使用选择题。

2. 编写好的题目所测量的表现与要测量的学习结果相一致。预期的学习结果将学习任务具体化为表现，考试要学生完成的任务也要做到这一点。

3. 题目表达的意思要清楚、明确。题目对阅读水平的要求不要过高，使用简洁的语言，遵循规范的标点和语法规则。

4. 题目中不包含无用功能的材料。与所测试问题没有直接联系的材料会增大阅读量，而且会有违试题的用意。只有当测试学生能够发现并排除不相关的材料时才使用多余的材料（如数学题）。

5. 题目中包含的不相关的因素不会影响学过相关知识的学生作出正确反应。避免使用绕人的问题误导那些本来会做这一题目的学生。使用明确的、毫不含糊的表达，最大限度地突出要测量的行为表现，将其他影响降低到最低限度。比如，如果测试数学推理能力，那么用**文字问题**（word problem）。测量数学推理能力的题目就要使阅读要求和计算要求简单些。

6. 题目中包含的无关提示不能使不会答题的学生作出正确的反应。要想题目中不出现不必要的提示，在题目编写过程中和这之后的审题都需要保持警惕。每种类型的题目最为常见的提示在随后的章节中都会涉及到。另外，还要避免一个题目的内容是另一个题目的答案的现象。

7. 题目的难度与考生的年龄、预期的学习结果、考试结果的使用方法相一致。在评价试题的难度时，要确保试题与预期的学习结果相一致，题目中不能包含不相关的难度信息（比如，含糊的材料、要求过分精细的区分）。

8. 题目的答案必须是统一的。一般而言，答案应该是这一领域的专家们一致认为正确的或者最好的答案。当学生提供最佳答案时（最佳过程、最佳解释）会出现很多问题。这其中涉及判断的问题，学生应该能够为自己的答案提出正当而有力的辩解，正如这一领域的专家们所做的那样。如果专家们意见分歧，较为理想的做法是问本领域的权威什么是最佳的方法、最佳的理由等等。当题目答案的来源确定了之后，就可以评定答案是正确还是不正确。

9. 尽早提前编写试题，以便日后有时间审题，必要时做些修改。一般而言，上完一门课就编写试题是最佳时机，这时候问题和上下文在脑子里的记忆犹新。在任何情况下，当题目编好后放一段时间再来修改都能找出最初编写时注意不到的错误。

10. 最初编写的题目应比考试计划要求得多。这样做可以使你有更大的选择余地，你可以将那些不很恰当的、不好的题目删除，只保留最适合考试要求的题目。

组题

当选定试题后，接下来要做的就是编排试题。这要根据准备考试的类型来定，但下面提供的指导原则会有所帮助。

1. 为了便于教学，通常较为理想的做法是将测量相同学习结果的题目组合在一起。每一组题目放在一起，有一个恰当的标题(如知识、理解、应用等)。加标题会帮助教师(或测试者)发现学生有困难的地方，也有助于制定计划，采取相应的补救措施。

2. 如果可能，相同类型的题目组合在一起。这样做的好处是，只需要对同一类型的题目编写一组考试指令，也便于评分和考试结果的分析。

3. 试卷题目的安排应该由易到难。这可以激励学生答卷，而不至于在考试刚开始就因为题目的难度把学生“难倒”，从而“放弃”。

由于大多数的课堂测验只有几个题型，以上三条原则都可以使用。如果行不通，应首先考虑考试的性质和考试结果的使用方法。

编写考试指令

成绩考试的考试指令应该简单、简洁，包括以下信息：(1) 考试的目的；(2) 完成考试所允许的时间；(3) 答案写在何处；(4) 当答案有疑义时是否需要猜测。下面的多项选择题考试指令涵盖了所有这四个要点。

例题

指令：这次测试本课程前五周所学内容。考试的结果用于进一步明确学习的难点，并帮助你顺利地完成本课程的学习。

考试共有 60 道多项选择题，要求在一小时内完成。

每道题选择一个最佳答案或者回答问题，在所选答案的字母上画圈。

你的成绩依你答对题目的数量确定，所以，保证回答每一道题目。

当一套试卷包含两种以上题型时，较为稳妥的做法是为整个试卷编写一个总的考试指令，然后再为每个部分编写具体的考试指令。总的考试指令包括考试目的说明、总的时间要求、对猜题如何处理，而具体的考试指令则阐明各部分的答案写在哪里等等。有些题目，比如键入型的题目，则每一道题目需要有具体的考试指令。

单独使用答题纸要求一些更加详尽的说明。如果学生不熟悉如何使用答题纸，最好给出一个样本，并在答题纸上标注具体的说明。答题纸有各种各样的形式，答题的要求应根据不同的形式有所不同。除非使用机器记分，教师制作的答题纸仅仅列出与题目对应的可供选择的字母就可以了。

猜答案的问题

在试题的考试指令样本中，我们曾告诉学生“你的成绩依你答对题目的数量确定，所以，保证回答每一道题目”。这是试图均衡学生在拿不准答案的时候要猜答案的差异性。有了这个考试指令，就不必再对猜测作进一步的校正。虽然对于标准性考试来说，对猜测作适当的校正是合适的，但对于课堂测验来说，由于学生们有机会对所有题目作答，就不必对猜测作进一步的校正。只有当学生没有足够的时间完成考试(比如，速度测试)时，课堂测验才有必要作猜测校正。其目的只是为了防止学生由于时间不够在即将交卷时快速、随意地对没有完成的题目作答以争取得分(参见专栏 3－3 校正公式)。

专栏 3－3 猜测校正

只有当学生的时间不够(比如，速度测试)时，才使用猜测校正。然后，警告学生会对猜测进行校正。校正分数的公式如下：

分数＝正确答案－错误答案/n－1

在这个公式中，n 等于每次提供的备选答案数，所以：

对一错判断题的校正公式为　　S=R－W

多项选择题的校止公式为　　S—R　W/2 (3 个备选答案)

S=R－W/3(4 个备选答案)

S=R－W/4(5 个备选答案)

注：S 代表分数，R 代表正确答案，W 代表错误答案

复查和评价组好的试卷

当一套试卷组好后，最好重新对其做一个整体的复查，以确保其达到优秀试卷的标准。要做到这一点，专栏 3　4 中所列的问题是有所帮助的。

专栏 3－4 评价组好的试卷的核对表

1. 均衡性	试题所测量的内容能够代表学生学习中要求掌握的学习任务吗？
2. 相关性	试题是否再现相关的学习任务？
3. 简明性	试题的语言是否简单、明了？
4. 合理性	试题的难度适中吗？是否有错误？是否存在有争议的答案？
5. 独立性	试题不重复，一道题目不为另一道题目提示答案吗？
6. 试题组合	测量同一学习结果的题目组合在一起了吗？同一类型的题目组合在一起了吗？
7. 编号	整套题按照顺序编号吗？
8. 考试指令	试卷总的考试指令和各部分的考试指令都有吗？语言表述是否简洁，是否符合考生的阅读水平？考试指令中是否说明了时间限制和如何答题？考试指令中是否明确对猜题如何处理？
9. 试卷间距	试卷的间距是否便于答题者阅读和答题？
10. 试卷打印	制作好的试卷是否有打印错误？

实施考试及评分

实施一次精心准备的非正式的学习成绩考试在很大程度上只是提供适当的考试条件、最大程度保证考试不受干扰、还有学生的座位间有足够的间距以防相互间作弊。书面的考试指令应该表述清楚，自然地实施考试。当然，在有些情况下，也可以口头宣布考试指令。如果考生年龄较小，可将考试指令写在黑板上。最重要的是，保证所有学生都清楚要做什么，给他们提供最有利的考试条件。

我们前面建议过，如果所有的答案都做在试卷的左边，评分就比较容易。在这种情况下，复制一份标有正确答案的试卷，放在学生试卷答案栏的侧边，一一对应进行评分。如果是使用答题纸，最好复制一份答题纸，在答题纸正确的字母上打孔，将打好孔的答题纸作为一个模板覆盖在学生答题纸上进行评分。从孔中看到的作过标记的字母即为正确答案，从孔中看到但没有标记的字母，就画一道红线，说明学生的答案不正确。如果使用机器改卷，仅仅对学生的考卷扫描，保证每道题只有一个答案。

除非做了猜测校正，客观题的分数一般就是答对题的题数。因此，每道题得一分。尽管老师们通常希望有些题目由于其重要程度和难度的不同得分比其他题目高一些，但是，这种加权使阅卷复杂化，而且对提高成绩测量几乎没有明显的好处。提高某一部分权重的好方法是加大该部分的试题数量。

分析试题的有效性

考试实施结束后，应对试题作有效性分析。评价试卷的方法之一是，把批改后的试卷发给学生，让他们对考试结果进行分析讨论，应对每一道题目进行复查。在讨论过程中，将一些重要的评价记录在空白试卷上。这一做法有很大的灵活性，能够获得学生对每一道题目的看法，在每一道题目上花点时间，询问学生他们为什么选择了某一个答案（无论正确还是错误）。这一过程可能会引出一些未经证明的对试卷本身的批评意见，有助于日后修改试题。花额外的时间讨论考试结果不是浪费，因为学生们通过这个过程对试卷所涉及的课程内容获得了一次全面复习的机会。

简单的题目分析程序

如果简单地在学生的原始考卷上记分，讨论考试结果和分析题目的效果会更有效。记下得分最高的前 10 名学生的成绩（H）和得分最低的后 10 名学生的成绩（L），如图 3－2 所示，易于解释考试结果。把答案圈起来，左边每一个选项的数字代表有多少学生选择了这一项。

图 3－2 的结果提供了所有我们做下列类型的题目分析所需要测评的信息。

单元测验

姓名________________ 日期________________

考试指令：

本次测验主要考查你在前4周内获得的知识、理解程度和应用情况。

共有65道客观题，要求在一节课内完成。

请选出每道题最佳的答案，并在相应的字母上画圈。

你的成绩就是你答对题目的数量，所以，保证完成所有的题目。

术语的知识

H	L	
		1．在……情况下，测评工具属于客观型。
1	3	A．测评工具中使用的是客观题。
1	2	B．测评工具中要求作出的应答是自由的发挥。
0	1	C．制作测评工具的人在制作过程中使用了标准制作程序。
8	4	Ⓓ．评分者对正确答案有一致的看法。

图3-2 每道题目左边可记录试题分析数据的试卷副本
（H＝10名最高得分者，L＝10名最低得分者）

1．题目的难度（学生答对某一题目的百分比）。

2．题目的区分度（某一个题目在区分得高分和得低分学生时作用的大小）。

3．每一选项的有效性（所有的选项都被选中，每一项被低分段选中的频率更高）。

从图3-2的答题纸我们可以看出，8名高分段学生和4名低分段的学生选择了正确答案。同样，低分段的学生选择错误选项比高分段的学生多，而且我们也可以看出，那些错误选择似乎扰乱了那些没有真正掌握这一术语的学生，因此他们找不到正确答案。

由于我们用前10名高分段和后10名低分段的学生来分析，我们可以用下面的简单步骤心算出难度和区分度的指数来。

1．高分段和低分段的百分比的比例：在每一题的高分人数和低分人数后加0。

H＝10人中有8人＝80

L＝10人中有4人＝40

2．计算题目难度：将高分段百分比和低分段百分比相加，除以2，在得数后加上百分比的符号。

$$\frac{80+40}{2}=60\%$$

3．计算区分度：用高分段百分比减去低分段百分比，在得数后加上小数点。

$$80-40=.40$$

这种过程描述使得本来简单的事情似乎变得较复杂，但是如果照此程序做上几次心算就简单了。题目的难度一般使用百分比表示，当然，可以用 0%～100%。我们这里所说的**难度指数**(difficult index)只是以高分段和低分段为基础的，但这可为我们提供较为满意的题目难度的近似值。题目的**区分度**(discrimination index)一般使用小数点，所以在 0～1.00 之间。

当复查试卷时，可以使用这种简单的方法来分析考试的结果。忽略或者别太关注大多数学生都答对的题目，而要重点讨论大多数学生都答错的题目。有错误的题目应该告诉学生，而不要辩解说是什么公平。同样，学生答错某一道题目的频率可以反映出某些学生的常见错误和错误的概念，可以当场加以纠正，也可在今后的教学中予以纠正。分析讨论学生答对或答错一道题目的原因有时候具有启迪作用。我们一般认为，如果学生答对某一道题目，就说明他们掌握了相应内容。当然，在使用选择题时，情况未必如此(参见专栏 3-5，选择多项选择题选项的共同原因)。教师可以通过让学生讨论他们选择的原因，从而深入了解学生的思维过程，这对提高教学水平和制卷技巧来说都有裨益。

专栏 3-5　选择多项选择题选项的共同原因

正确选择的基础

1. 拥有题目所要求的信息或技能。
2. 使用一部分支撑答案的信息。
3. 使用题目中已给的提示。
4. 使用试卷中其他题目中的信息。
5. 瞎猜碰上好运气。

错误选择的基础

1. 不具备题目要求的信息或技能。
2. 使用了一部分错误的信息。
3. 使用了完全错误的信息。
4. 瞎蒙不走运。
5. 太过粗心，选择了错误答案。

虽然这里介绍的**试题分析**(item analysis)方法很粗糙，但对于大多数的课堂测验来说已经够用。我们把这种方法作为同学生一起复查试题和深入分析考试结果的基础，同时，也可以帮助我们提高题目质量。有关试题分析及其试题分析数据的解释应该注意的具体事项，详见林(Linn)和格朗伦德(2000)的专著。

由于课堂测验中学生数量相对较少，解释试题分析所得的信息就需要格外谨慎。如果将用相同的题目测试另外一个群体，由于教学、学生的学习习惯或者其他任何因素的不同，测试结果可能会大不相同。试题分析数据本身所具有的尝试性并不重要，重要的是与学生一道复查试题，以便提高学习效果。

要点小结

1. 测评方案的制定应该以学校的发展目标和具体的教学目标中对学生的学习要求为依据。

2. 测评方案的制定要考虑各门课程范围内所有类型的学习结果，而不仅仅只是那些通过考试能够测量得到的学习结果。

3. 学习表现的技能和成品的测评要求借助某类对过程进行观察的工具，比如检核表、等级量表、综合评分基准等(参见第七章)。

4. 准备和使用成绩考试包含以下几个步骤：确定依照学生表现界定的教学目标、制定考试内容规范表、编写相应的题目、组合试题、编写明确的考试指令、复查和评价组好的试卷、实施考试和作题目分析。

5. 考试内容规范表包括一个双向的表，给出要测量的表现任务的样本。

6. 试卷中题目的类型取决于是否能直接测量到要测量的预期学习结果，以及作为测量工具的有效性。

7. 每一道题目提供的任务都要与预期的学习结果中描述的学生的表现相一致。

8. 在题目的编写过程中，通过消除不相关的障碍和不必要的提示来提高试题的功能性内容。

9. 试题的难度要与拟测量的学习任务的难度相当，谨防增加难度的无关信息(如含糊不清的材料)。

10. 成绩考试时间不宜太长，要保证所有学生在规定时间内都能完成。

11. 在试卷中，要保证每一内容的试题都有一定的数量，每一内容的试题少于10题时，成绩解释就难以有效。

12. 编写题目时遵守一系列的指导原则能够保证试卷的质量，从而提高其信度和效度。

13. 试卷内题目的组合根据考试的类别而定。如果可能，题目应该以主要的学习结果进行组合(如知识、理解、应用等)，性质相同的试题应该组合在一起，试题难度应该由易到难。

14. 考试指令应该说明考试的目的、考试的时间、答案填写的方法，以及要求作答每道题等等。

15. 如果是速度测试，应该使用猜测校正方法。

16. 在考试前要复查和评价组好的试卷。

17. 在可以控制的条件下实施考试。

18. 题目分析提供了评价题目的方法，同学生一起对考试进行复查有利于教与学。

本章使读者能：

1. 描述多项选择题的特征。
2. 描述多项选择题的优点与不足之处。
3. 区分表述精确与表述不当的多项选择题。
4. 辨别并改正表述不当的多项选择题中的错误之处。
5. 形成多项选择题与预期学习结果的相称。
6. 编写表述精确的多项选择题，使之与重要学习结果相关联，并且没有不当之处。

第四章 编制选择题：多项选择题

多项选择题是运用最为广泛的一种选择题类型且备受人们青睐。多项选择题被用来检测从简单到复杂的各种学习结果，同时，这种题型可以编制出高质量的试题。由于多项选择题在成绩测验中起着如此重要的作用，本章将以一定的篇幅进行详细介绍，其他选择题题型（判断正误题、匹配题和解释题练习）我们将在后续章节中介绍。

多项选择题的性质

多项选择题由呈现问题情境的题干和提供问题解决方法的选项（题肢或选肢）组成。题干可以是一个问题，也可以是一个不完整的表述。选项包括一个正确答案和几个似是而非的错误答案即干扰项，干扰项对那些对答案感到不能肯定的学生的思维起到一种干扰作用。

下面两例列举的就是问题式多项选择题和不完整表述式多项选择题。

例题

下面哪种题型是具体回答型测题的例子？（ ）

A. 多项选择题。

B. 判断正误题。

C. 匹配题。

*D. 简答题。

具体回答型的测题的一个例子是（ ）

A. 多项选择题。

B. 判断正误题。

C. 匹配题。

*D. 简答题。

尽管两题表述不同，但两题题干提出的是同一问题。不过要注意的是：不完整表述式选择题题干表述显得要为简明扼要，这是它的特征。问题式试题更容易编写，从而要求命题者提出一个清晰的问题，但结果往往是使它的题干更长。对于初次编题的工作人员来说，一个有效的做法就是先提出一个问题，一旦可以获得更简明扼要的表述，就要把它转化为不完整表述式题型。

前面列举的例子选项中只包含一个正确答案，而且干扰项很明显是错误的。另一种类型的多项选择题才是最佳答案式的，在这种题型中，所有选项都包含有正确成分，但其中一项较之其他选项更适合于作该题答案。这种题型用于较复杂的测试中，因为学生必须选择一种行动的最佳理由、处理一件事的最佳方法及一个原理的最佳运用。因此，是采用正确答案型还是使用最佳答案型，主要取决于要检测的学习结果。

例题

下面哪种题型最适合于用来检测计算技能？（ ）

A. 多项选择题。

B. 判断正误题。

C. 匹配题。

*D. 简答题。

上面提供的例子显示了四个选项的使用。多项选择题中选项通常不是三个、四个就是五个。当然，选项的数目越多，学生凭猜测得到正确答案的几率就越小。从理论上来说，若有五个选项，那么就只有五分之一的几率猜对答案；而若有四个选项，则猜对的几率就会是四分之一。但通常情况下命题者很难同时得到五个似是而非的干扰项，若仅仅是为了获得五个选项，而添加一些明显错误的答案，这样做对提高试题质量毫无用处。为什么使一个既定的考试中所有选择题都应含有相同数目的选项呢？实在毫无理由！有些题目可以含有三个选项，有些可以有四个选项，还有些可以是五个选项，而这些选项数目的多少应该依赖于获得似是而非的干扰项的多少。上述要求只有当测试是为了竞猜而出题时才会导致一种问题——而这种方法在非正式成绩测验中是不主张使用的。

多项选择题的使用

多项选择题可以用来检测知识掌握程度和各类纷繁复杂的学习结果。单一类型的题最常用来检测知识水平、理解程度和应用效果。根据所给的介绍材料（如篇章、图片或表格）形成的多项选择题的解释类练习对检测分析能力、解释能力和其他复杂的学习结果尤其有用。解释类练习将在下一章节讨论。这里，我们只讨论单项独立的多项选择题的运用。

知识类题型

知识类题型主要检测学生对已学知识记忆的程度。这一题型重点强调对信息的简单回忆，命题者可以主要选取术语、事实或其他具体方面的知识来检测。

例题

目的：认识术语含义。

"信度"和下列哪项意思相同？ （ ）

*A. 一致性。

B. 相关性。

C. 代表性。

D. 有用性。

目的：认识事件顺序。

编写成绩测验试题的第一步是什么？ （ ）

A. 决定试卷长度。

*B. 确定预期学习结果。

C. 准备一份明细表。

D. 选择考试题型。

各种类型的知识结果可以用多项选择题来检测，这一点最好通过解释有些类型的问题可以在各种知识分类中进行提问来证明。专栏 4－1 列举的即是一些不完整表述式题干的例句。

专栏 4－1 知识类试题的表述

1.11 **术语知识**

哪个词的意思和_______相同？

怎样表述_______最贴切？

本句中_______一词的意思是什么？

1.12 **具体事实的知识**

_______能在哪里找到？

_______是谁第一个发现的？

_______的名称是什么？

1.21 **惯例的知识**

_______的正确形式是什么？

_______的正确用法哪一个表述可以体现？

_______适用于下列哪些规则？

续

1.22 **顺序、趋势的知识**

________这一趋势/潮流下列的哪一项表述最准确？
________的最主要原因是什么？
________的正确顺序下列哪项列举了出来？

1.23 **分类与范畴的知识**

________主要类型是什么？
________主要类别是什么？
________的特征是什么？

1.24 **准则的知识**

________的评判标准是哪一个？
________的最重要的选择标准是什么？
________的分类使用什么标准？

1.25 **方法论的知识**

________是使用什么方法？
________的最佳方法是什么？
________的制作第一步是什么？

1.31 **原理性的知识**

________的原理哪一项表达最准确？
________的思想哪一项概括得最准确？
________下列哪项原理对其解释最精确？

1.32 **理论和结构的知识**

________这一理论下列哪一项表述与其最一致？
________的构造下列哪一项对之表述最精确？
________这一理论什么证据对其进行了最佳证明？

根据布卢姆(Bloom，1956)《教育目标分类学》编制(参看第三章参考书目)。

当然，专栏 4－1 中一系列问题提供的只是许多可提问题的一个样本，同时，这些问题表述的方式是相当普遍的。多项选择题的题干应该与所要检测的具体学习结果联系得更为紧密一点。

理解类题型

理解类选择题主要是对学生理解能力的一种最低程度的检测，主要考查学生是否已经掌握了材料的意思，而不要求运用该知识。理解可以通过要求学生以各种方式回答来进行检测，但是测试题中包含一些新意则是很重要的。下面测试题显示了对常见类型的学习结果在其理解水平上的检测。

例题

目的：辨别可以说明术语的一个例子。

下面哪项表述包含了一个限定词？ （ ）

A. 美洲是一个大陆。

B. 美洲于 1492 年被发现。

*C. 美国有一些大型工业。

D. 美国人口在不断增长。

目的：诠释一个观点含义。

“测验的信度是测验的效度的一个必要条件，但不是充分条件”这一表述的含义是 （ ）

A. 一份有信度的测验将会包含一定程度的效度。

*B. 一份有效度的测验将包含一定程度的信度。

C. 一份可靠的测试可能完全无效，一份有效的测试可能完全不可靠。

目的：辨别概念或定理范例。

下列哪一项是标准参照评判的例子？ （ ）

A. 乔治在理科考试中得了最高分。

B. 埃瑞克比其他同学提前做完了实验。

C. 埃德拉的测验分数比班上半数以上同学的分数都要高。

*D. 特瑞卡五分钟内就组建好了实验设备。

目的：预测行为最可能产生的后果。

当多项选择题每题选项数从三个改为四个时，得分的可信度将会发生什么样的变化？ （ ）

A. 信度降低。

*B. 信度提高。

C. 信度不变。

D. 没有根据作出此类预测。

上面最后一例中学生必须认识到，增加选择题选项的数目，其实也就是增加了试题量。

当然这些例题代表的是对学生理解水平的检测，并且必须要求在题干中提出一种对学生而言是新的问题情境。如果在教学过程中学生就已经遇到过这些问题的解答，那么就应该把这类问题归入到知识类选择题类型中。

许多理解水平方面的学习结果的其中一部分可以用多项选择题来检测，专栏 4-2 列举的就是以不完整表述式选择题对其检测的方式。

专栏 4-2 理解型和应用型试题的表述

理解型题

________的例子是下列哪一项？

续

________表达的主要思想是什么?
________之间的主要区别是什么?
________的一般特征是什么?
________的另一种形式是下列哪一项?
________的最佳解释是下列哪一项?
________的最好概括是下面的哪一项?
________的最佳说明是下列的哪一项?
________的情况下你认为会发生什么?
________这方面你认为会产生什么趋势?

应用型题

________的最佳方法是下列哪一项?
________的应用应遵循什么步骤?
________要求在什么条件下使用?
________的解决最好应用哪项原理?
________的改善最好采取什么步骤?
________的组建最好采取什么步骤?
________的纠正最佳步骤是什么?
________的最佳计划是下列哪一项?
________的恰当顺序是下列哪项?
________最有可能产生的效果是什么?

应用类题型

应用类题型也检测学生的理解能力，但主要是在理解水平更高的一个层次上的检测。在做这种题型时，学生不但要掌握知识的含义，而且还要会在具体的新的问题情境中运用知识来解决问题。因此，应用类题型决定了学生迁移知识和运用知识有效解决新问题的程度。这类的题型可能要求学生应用所学知识的不同方面，例如事实、概念、原理、规则、方法、理论等等。理解类题型和应用类题型几乎适用于课程内容各个方面的知识点，也是检测学生理解能力的两种基本方法。

下面例句显示的是利用多项选择题对学生应用能力学习结果的检测。

例题

目的：区别表达正确和表达不当的学习结果。

下列哪一项学习成果是从学生行为表现方面来恰当表述的？　　　（　　）

A. 形成对测验重要性的正确评价。

*B. 解释制定测验规范的目的。

C. 学会怎样编写高质量的测试题。

D. 认识到效度的重要性。

目的：改进有缺陷的试题。

说明：阅读下列试题，然后指出改进的最好方法。

下列哪种类型的学习结果最难以进行客观评价？ （ ）

1. 一个概念。
2. 一个应用。
3. 一种鉴别。
4. 以上全不是。

上题的最好的改进方法是： （ ）

A. 把题干改为不完整表述形式。

B. 用字母代替选项前的数字。

C. 把选项中的不定冠词去掉。

*D. 把“以上全不是”替换成“一个解释”。

编写应用类题型时，要注意应选择学生在以前的学习中没有遇到过的问题，因此，他们不能单靠一般性知识来解答。每一题的设计都应当要求学生运用到具体的事实、概念、原理或预期学习结果中所要求的解题步骤，参看专栏 4-2 中的一些可以在应用水平方面进行提问的问题，专栏 4-3 列出了多项选择题的优点与不足之处。

专栏 4-3 多项选择题

优点

1. 可以检测从简单到复杂的学习结果。
2. 组织严密，任务明确。
3. 可以检测学习成绩的各个方面。
4. 错误选项提供了诊断信息。
5. 得分比判断正误题受猜测的影响要小。
6. 评分容易、客观、可信。

不足之处

1. 编写高质量的试题太费时间。
2. 通常难以找到似是而非的干扰项。
3. 这种题型在检测某些问题的解决方面效果不明显，也无法有效检测出学生组织、表达思想的能力。
4. 得分会受到学生自身阅读能力的影响。

选择题的命题原则

一个有效的多项选择题呈现在学生面前的应是一个既重要又能清晰理解的问题，任何学生只要达到预期学习结果的要求，就能作出正确回答。试题中的内容或结构不应该成为那些知识充分的学生作出正确回答的障碍，同样，它也不能成为那些知识不足的学生作出正确回答的诱因。下面的选择题编写的原则，可以作为准备编写一种达到预期功能的多项选择题的指导。

1. 每道题的设计都要用来检测相应的重要学习结果。每道题提出的问题情境应该是重要的，而且要与所要检测的预期学习结果相联系。前面一节的试题就列举了如何使试题和预期学习结果相衔接。编写试题时，要注意试题的有效内容，避免涉入和试题无关的、次要的，或模糊不清的内容来增加试题的难度。记住：每题的编写目的是检测学生的表现，从而有助于对学生达到预期学习结果的程度作出一种正确判断。

用来检测复杂学习结果的多项选择题必须包含有一定新意，例如：一个知识类题可能要求学生辨认一个术语的课本定义，一个理解类题可能要求辨认一个术语修饰过的形式，一个应用类题可能要求辨认术语的正确使用的一个例子。然而，只有在理解类和应用类的选择题中提出一种对学生而言是陌生的问题情境时，才会达到预期的效果。因此，检测复杂学习结果的选择题，应当要求学生证明他们已经掌握了知识的含义，而且还会把它运用到全新的问题情境中去。

2. 题干中提出的问题应当单一，问题设计清晰。题干中所提出的问题应当清楚明晰，学生无需阅读选项就能理解它。实际上，一个检查多项选择题的清晰度和完整性的好方法就是把选项掩盖起来，看是否没有选项也能正确作答。试着用此方法检查下列两例。

例题

不佳：一份明细表______

A. 显示了如何通过测验来促进学习。

*B. 提供一个更为平衡的试题内容样本。

C. 根据重要程度编排教育目标。

D. 具体细化试卷评分方法。

较好：编写一份成绩测验试题时，使用明细表的主要优点是什么？ （　）

A. 缩短了编题时间。

*B. 提高了试题内容的代表性。

C. 降低了编题的难度。

D. 提高了试题的客观性。

第一个例子不过是一个空泛的题干下的正误表述的集合，在改进后的题干中提出的问题很清晰，甚至可以用来作为问答型的简答题，其选项只是提供了用来选择的可能答案。

还要注意的是第二个例子中题干只提出了一个问题。题干中如果提出了不止一个问题，就只会增加题干遣词造句的复杂性，而且降低了试题的诊断价值。当学生没有做对这种题目时，我们就没法判明是什么原因阻碍了他们正确作答。

3. 题干的语言表述应简明清晰。多项选择题题干中提出的问题表述越精确越好，避免不必要的生词僻字和繁难的句型结构。任何学生只要掌握了试题所要检测的知识点，就应能选出正确答案。表述不当的题干通常过多地增加了试题的模糊性，让知识丰富的学生也难以正确回答。同样，复杂的句子使题干更像是检测学生的阅读理解能力而不是预期学习结果。下列两例中第一例就是这方面问题的突出例证。

例题

不佳：缺乏似是而非的，但又不正确的与中心思想相联系的表述所导致的问题，当构建下列哪种类型的试题时容易出现？（ ）

A. 简答题。

B. 判断正误题。

*C. 多项选择题。

D. 作文题。

较好：当构建______类型的题目时，缺少似是而非的但不正确的选项会产生最严重的问题。（ ）

A. 简答题

B. 判断正误题

*C. 多项选择题

D. 作文题

表述多项选择题的另一个通常错误是在题干中夹杂一些无关紧要的、不起作用的材料，这可能与命题者源源不断地向学生传授知识的初衷有关——即使是在考试时也想这样。下列例子显示了命题者利用选择题题干作为另一个向学生传授知识的机会。

例题

不佳：测验在诸多重要方面有助于学校教育活动的开展，然而，测验在教学中的主要功能是______。

较好：测验在教学中的主要功能是______。

第一种表达延长了阅读时间，而对具体的学习结果的检测无所裨益。花在阅读这些无关紧要的材料上的时间，其实可以用来更有效地思考题干中所提出的问题。当然，如果题干的目的是检测学生辨别相关材料和不相关材料的能力，那么本条规则当然就不适用了。

4. 在选择题的题干中纳入题肢的相同文字表达，提高题干语言的包容性。要避免在每个选项中重复相同的文字材料。通过把选项中相同文字的内容移植到题干中，通常可能会使问题变得更清楚，同时也节省了学生阅读选项的时间。当遵循此条原则时，注意看下例子中的改进。

例题

不佳：在客观测验中，“客观”这一术语______。（ ）

A. 指的是辨别学习结果的方法

B. 指的是选择试题内容的方法

C. 指的是呈现问题的方法

*D. 指的是答案评分的方法

较好：在客观测验中，“客观”这一术语所指的方法是________。 （ ）

A. 辨别学习结果

B. 选择试题内容

C. 呈现问题

*D. 答案评分

很多情况下，问题不仅仅在于把选项中相同文字内容移植到题干中，而是需要对整个题干的文字进行重新表达，下面的例子显示了如何通过改变题干，缩短选项而改进整个选择题的。

例题

不佳：教育目标以（ ）这样的方式显示了它们最易于对测验题编写的目的有用处。

A. 在教育活动期间所涵盖的课程内容。

*B. 学生在达标方面所展示出来的表现类型。

C. 教师为了学生最大程度地学习所要做的事情。

D. 在教学活动期间所要参加的各种类型的学习活动。

较好：教育目标从（ ）这个角度说明了对测验题编写的目的最有用处。

A. 课程内容

*B. 学生表现

C. 教师行为

D. 学习活动

当然，不可能都像这样流水线形式的陈述问题，但节约用词，表述清晰是命题时所要努力追求达到的最重要目标。精练简明的试题所起的效果更为显著。

5. 任何情况下尽量以肯定形式表述选择题题干。肯定形式表述的测验题比否定形式表述的测验题更能检测出重要的学习结果。这是因为，了解诸如最佳方法或最相关的论点比了解最差方法或最无关的论点显然具有更深刻的教育意义。使用否定式表述的选择题题干多是因为编写此类题干不费力气，而不是从检测学习结果的重要性方面来考虑的。在下面第一例中，命题者在因为一道选择题想不出足够的似是而非的干扰项而大为恼火时，突然意识到采用第二例的形式编题是多么的容易！

例题

试题一：下列哪项是认知领域分类学的范畴？ （ ）

*A. 理解。

B. （所需的干扰项）。

C.（所需的干扰项）。

D.（所需的干扰项）。

试题二：下列哪项不是认知领域分类学的范畴？（　）

A. 理解。

B. 应用。

C. 分析。

*D.（所需的答案）。

注意：在第二例中分类学的范畴是作为干扰项出现的，使题目完整所需要的只是一个正确答案。它可以是任何似是而非的术语，只要不是分类学中的一个范畴就可以了。尽管此类题目易于编写，但它们的难度却不会太高，其结果检测的可能是相对次要的学习结果。学生能够辨认出不适用的答案并不能证明他们就具备相应的知识。

当命题者限于使用多项选择题一种题型时，因缺乏足够干扰项而以否定式表述题干来敷衍塞责的情况就最容易发生。检测"识别认知领域分类学范畴"的能力更可取的方法是转向采用修改过的判断正误题题型，正如下例所示：

例题

说明：指出下列哪些是认知领域分类学范畴，在对应的 Y 前画 * 表示"是"，在 N 旁画 * 表示"否"。

*Y N　理解

Y N*　辩证思维

Y N*　推理

*Y N　综合

在回答这些问题时，学生必须对每一项表述作出独立的判断，这一表述要么是、要么不是分类学中的范畴。因此这种题目要求的是学生能按照学习结果中所描述的表现去答题，但同时它也避免了没有足够干扰项的困惑和否定式表述的问题。

6. 一旦题干中出现否定性词汇时，务必加以强调。一些情况下，使用否定词是检测重要学习结果的基本做法。例如，懂得在红灯亮时不能穿越马路或者不能轻易将某些化学物品混在一起是很重要的，因此这些否定性概念应该直接进行传授或检测。任何有潜在危险的情境都可能需要一个否定的强调词。当然，也有在一些不太重要的情况下使用否定陈述也很有用。几乎所有的成套规则或步骤都强调应避免的操作。

当否定陈述被使用在选择题题干中时，应当以下划线或大写对其进行强调，而且应放在句末。

例题

不佳：下列哪项是在准备多项选择题时不可取的做法？（　）

A. 题干以肯定形式表达。

B. 使用可以充作简答题的题干。

C. 题干中的某些词加下划线以示强调。

＊D. 压缩题干，增加选项长度。

较好：下列所有做法在准备多项选择题时都是可取的，但哪一项除外？（ ）

A. 题干以肯定形式表述。

B. 使用可以充作简答题的题干。

C. 题干中的某些词加下划线以示强调。

＊D. 压缩题干，增加选项长度。

改进后的题目确保了题干中的否定陈述不会被忽略，它使学生在阅读选项前大脑中就有了适当的思维倾向。

7. 确保被选答案是正确的或是最佳的。当使用正确答案形式的多项选择题时，选项中应只有一个正确答案，且毫无疑问是正确的；当使用最佳答案形式的选择题时，被选答案应当是由一定的权威专家认可的清楚无疑的最佳选择。在后者的选择题题干中，需要考虑到选项中未尽包括全部同样满意的答案，因此，有必要在题干中使用“下列”字样以避免绝对化。

例题

不佳：选择课程内容测验题的最佳方法是什么？

较好：“下列”哪项是选择课程内容测验题的最佳方法？

当使用正确答案形式的多项选择题时，题干的措词恰当正确，还能有助于避免有歧义的答案。实际上，一个表述不当的选择题题干常常使得被选答案失之偏颇，或者会产生出不止一个正确答案。

例题

不佳：课堂测验的目的是什么？

较好：课堂测验的一个目的是（ ）或课堂测验的主要目的是（ ）。

当然，还有必要检查每一个干扰项，以确信没有一个干扰项会被人强辩成正确答案，这不仅能提高试题的质量，而且还可以避免在分析讨论考试结果时产生的干扰言论。

8. 所有选项和题干在语法上保持一致，在形式上保持平行。正确答案通常措词比较严谨，以便和题干在语法上保持一致，命题者比较容易忽略的是干扰项的表述，如果不仔细检查校对，它们可能就会在时态、冠词或语法形式与题干和正确的答案不一致。这样，当然会给正确答案提供暗示，或至少使得一些干扰项效果不明显了。

用来防止语法上的不一致的一般做法是避免在题干的末尾处使用冠词“一”(a)或“一个”(an)。

例题

不佳：The recall of factual information can be measured best with a( ).
(用来检测回忆事实方面的知识最好用一种)

A. Matching item (匹配题)

B. Multiple-choice item(多项选择题)

*C. Short-answer item (简答题)

D. Essay question (作文题)

较好：The recall of factual information can be measured best with (　　).

(用来检测回忆事实方面的知识最好用)

A. Matching item(匹配题)

B. Multiple-choice item (多项选择题)

*C. Short-answer item (简答题)

D. Essay question (作文题)

第一例中不定冠词"a"使得最后一个干扰项明显不对，但只要把选项单数形式改为复数形式，就可以避免冠词的问题了。在另外一些情况下，有可能会要求在每个选项前加上冠词(a，an 或相应恰当形式)或重新表述整题。

所有选项采用平行形式编写也可以防止给学生提供不必要的暗示。当选项中有一项的语法结构和其他选项不同时，有些学生可能更愿意把这个选项认作为正确选项或错误选项。

例题

不佳：为什么多项选择题的题干中应避免使用否定的字眼？　(　　)

*A. 它们可能会被忽略。

B. 题干会显得更长。

C. 选项的编写更加困难。

D. 评分更为困难。

较好：为什么多项选择题的题干中应避免使用否定的字眼？　(　　)

*A. 它们可能会被忽略。

B. 它们将会增加题干的长度。

C. 它们使得选项的编写更加困难。

D. 它们会增加评分的难度。

在第一例中，有些学生即使不具备该题检测的知识点，也可以通过正确答案表述的方式而选对它；第二例中采用平行的语法结构形式消除了这一暗示。

9. 避免因为用词方面的暗示而使学生选出正确答案或排除错误选项。多项选择题中外来暗示的一个最普通的来源就是题目的遣词，这种暗示有些相当明显，也容易避免。还有某些暗示则要求命题者不断提高注意力，防止它们不知不觉地溜进题目中。来回顾一些多项选择题里通常使用的用词暗示。

(a) 题干和正确答案用词相近是最明显的暗示。题干中的关键词汇可能无意识地在正确答案里逐字重复，或可能使用了同义词，或是听起来相近、看上去相似的词语。

例题

不佳：要找出关于成绩测验的研究文章，你会最先查阅下列哪项？（ ）

A. 教育心理学杂志。

B. 教育测量学杂志。

C. 咨询心理学杂志。

*D. 教育研究评论。

“研究”一词同时出现在题干和正确选项中，为那些不具备该知识点的但考试精明的学生提供了选出正确答案的暗示，像这样的明显的暗示最好还是用在题干和错误选项中，以把那些知识不足的学生从正确答案边引开。

(b) 正确答案以课本语言进行表述或者以条条框框的套话叙述可能会使学生选中它，因为这种形式的叙述比其他选项的叙述看上去更好一些，或者因为这种叙述唤起了学生隐隐约约的似曾相识感。

例题

不佳：学习结果在（ ）时对准备测验试题最有用。

*A. 从行为表现方面清晰表述

B. 由老师和学生共同发展

C. 教学结束后准备

D. 以普通方式进行表述

这种正确答案的过于巧合的表述很可能泄露了它的身份，就算是准备得最差的学生也会认出经常被人重复的短语“从行为表现方面清晰表述”，甚至无需对它的意思有最模糊的认识。

(c) 正确答案所表述过于详尽也会提供暗示。同时，当正确答案被一些通常和正确表述相联系的修饰语（如有时、可能、通常等）修饰时，它也极可能被选中。

例题

不佳：在准备测验的时候缺少对学习结果的关注（ ）。

A. 会降低试题的技术质量

B. 会使编写试题更难

C. 会导致过量使用作文题

*D. 可能会导致考试和教学关系不大

“可能”这一词在这一例中相当明显，但类似的错误较普遍，常常会以较为隐蔽的形式出现。

(d)干扰项中出现措词的绝对化也会易于让学生作出排除，因为这些词（如总是、从不、都、没有一个、只有）常常是和错误的表述相联系的，这就使得正确答案明显了，或者至少增加了那些不知道答案的学生猜对答案的可能性。

例题

不佳：成绩测验通过(　　)帮助学生改进他们的学习。

A. 鼓励所有人努力学习

*B. 反馈他们进步情况

C. 使所有人获得成就感

D. 防止任何人忽视作业

这些绝对的说法通常被经验不够的命题者使用，这样做的初衷是确保不正确的选项的完全错误性。不幸的是，学生一眼就能看出这些说法不像正确答案，从而使它们作为干扰项的功能减弱。

(e) 两个选项涵盖了所有信息内容，使得学生有可能排除掉其他选项，因为这两项中必然会有一个正确答案。

例题

不佳：下列哪种题型是在记忆水平上对学习结果的检测？　　(　　)

*A. 问答型试题。

B. 选择型试题。

C. 匹配题。

D. 多项选择题。

因为前两个选项涵盖了试题的最主要的两种题型，因此就算是准备得最差的学生也会把正确答案锁定在这两项上。这样，就会为学生提供了百分之五十的猜对答案的可能性。

(f) 选项中有两项意思相同，也排除了这两个选项作为正确答案的可能性。

如果两个选项的意思相同，而事实上只有一个答案可选，那么很显然这两个选项都不正确。

例题

不佳：下列哪项是成绩测验结果的最重要特征？　　(　　)

A. 一致性。

B. 信度。

*C. 相关性。

D. 客观性。

这一题中，"一致性"和"信度"可以被排除，因为两者实质上表达的是同一个意思。

要想使试题达到预期的效果，就必须去除掉正确答案的外来的暗示。然而，通常利用这样一些外来暗示将知识不足的学生从正确答案上引开，也是一种很好的做法。只要用得不是过多，就可以增加错误答案的似是而非性。

10. 编写似是而非的干扰项，并使之对知识不足的学生具有一定的吸引力。多项选择题中的干扰项应有较强的吸引力，能使那些不具备该题知识点的学生“宁愿放弃”正确选项，转而选择自认为是正确的错误干扰项。当然，这是一种理想的假设，但命题者应向这一方向不断努力。编写质量高的多项选择题的艺术主要就在于有效干扰项的编写。

命题者可以通过多种方法来增加干扰项的似是而非程度和吸引力：

a. 把学生常犯的概念混淆或错误作为干扰选项。

b. 以学生的语言习惯表述选项。

c. 在正确选项和干扰选项中同时使用褒义词（如准确的，重要的）。

d. 在句子长度和字词难度上让干扰项和正确选项保持相似。

e. 在干扰项中使用一些外来暗示，例如：老一套的说法，听起来科学性很强的答案，和题干有联系的措词等。但不要过分使用这些暗示，否则干扰项会失去应有的效果。

f. 让所有选项同类相似，但是这样做要注意这些选项之间的细微区别，没有实质的教育意义。

通过使用同类相似的选项从而增强选项的似是而非程度，这一点可以从下列改进后的例题中反映出来。

例题

不佳：当使用下列哪一项时，获得可靠的学生成绩排名是主要关注点？（　）

*A. 标准参照总结性测验。

B. 行为描述。

C. 检核表。

D. 问卷调查。

较好：采用下列哪项时，获得可靠的学生成绩排名是主要关注点？（　）

*A. 标准参照总结性测验。

B. 教师命题的诊断性测验。

C. 掌握性的成绩测验。

D. 标准参照形成性测验。

改进后的例题不但增加了干扰项的似是而非程度，而且需要一类更重要的教育意义的识别能力。

11. 改变正确答案的相对长度，排除句子长度的暗示。为了确保正确答案的表述恰当且无可置疑地正确，这就需要使用更多的措词，从而使正确答案比其他选项表述要长。当然，这就为那些考试精明的学生提供了一种暗示。意识到这种情况后，没有经验的命题者常常又不遗余力地来避免正确答案比其他选项表述更长，这样做也提供了一种暗示，一些机灵的学生将很快又学会了把表述最长的选项作为错误答案排除掉。

改变正确答案表述的相对长度，呈现一种没有明显特征的表述，这样就可以消除它的暗示性。也就是说，正确答案的表述有时要长一些，有时要短一些，有时又要和干扰项表述长度相当——但绝不要一成不变或一枝独秀地保持一种表述长度。另外，有时候更好的一种做法是通过改变干扰项的长度而不是正确选项的长度来确保所有选项的长度大致相等。

例题

不佳：多项选择题相对于短文问答题的一个优势是________。 （ ）

A. 检测更复杂的学习结果

B. 更多地依赖回忆

C. 评分时间更短

*D. 提供了一个更广泛的试题内容的样本

较好：多项选择题相对于短文问答题的一个优势是________。 （ ）

A. 提供了更复杂的学习结果的检测方法

B. 更强调了对事实性知识的回忆能力

C. 试题内容准备和试卷评分所需时间更少

*D. 提供了一个更广泛的试题内容的样本

正如在改进后的例句中所示，通过增加干扰项的长度不但消除了长度上的暗示，而且增加了干扰项的似是而非程度，使它们在句子的繁复上和正确答案更加相似。

12. 避免使用"以上都是"作为选项，使用"以上都不是"时应极为慎重。当命题者在寻找足够的干扰项的过程中发现有困难时，往往使用"以上都是"或"以上都不是"作为最后选项。这些特殊选项很少能够使用得当，不运用这种选项几乎反而比运用这种选项效果更好。

"以上都是"作为一个选项，使得学生只需要部分知识就能答对。因为学生只需选择一个正确答案，那么只要注意到有两个选项是正确的，就可以辨认出"以上都是"为正确答案。同样，学生只要认出选项中至少有一项是错误的，就可以判定"以上都是"为错误选项。因此，学生从剩下的选项中猜对答案的几率就会相应地提高。使用这种选项的另外一个问题是，有些学生一旦发现第一个选项是正确的，他们就立即选中而顾不上去看剩下的选项。

显然，"以上都不是"作为一个选项是不适合于用在最佳答案型的选择题中的，因为选项的合适性是变化的，而绝对正确的标准是不存在的。当它作为正确答案被用在正确答案型的选择题中时，除了能检测学生识别错误答案的能力之外就毫无意义了。学生能辨认出错误的答案，并不能说明他们就知道正确答案。例如，学生在不能给分类学范畴命名的情况下，也能正确作答下面例题。

例题

不佳：下列哪项是认知领域分类学的一个范畴？ （ ）

A. 辩证思维。

B. 科学思维。

C. 推理能力。

*D. 以上都不是。

要正确作答本题，学生必须知道分类学范畴是个新的概念，和他们经常接触到的智能方面的知识是有所不同的。像上面这种题型在判断学生的成绩方面提供了相当蹩脚的证据。

"以上都不是"作为一个选项，可能用得较为普遍的是在多项选择题式的计算题中。标准化成绩测验试卷的出版商使用多项选择题是为了便于电脑记分，而使用"以上都不是"作为选项目的是为了降低学生没有演算完全就估猜答案的可能性。这种做法可能比较保险，但事实上很少有必要在课堂测验中使用选择题式的计算题。问答式计算题要求学生解答问题，还要求写下解答出答案的过程，这就提供了一种最直接、最有效的检测学生计算技能的方法。这也是为了获得更有效的检测效果，而把多项选择题改为其他题型的一种可行办法。

13. 随机改变正确答案的位置。正确答案出现在每一个选项中位置次数应大抵相等，但它的位置放置形式不应成为一个模式，否则会被学生识破规律。一旦学生发现正确答案不会在同一排的相同位置出现两次以上或者 A 作为正确答案每隔三题出现一次，那么最后学生的得分就超出他的实际知识能力得分。命题者可以通过随机安排正确答案位置的办法来消除类似的暗示。

随机安排多项选择题正确答案位置的最简便办法就是借用一本书的帮助来设置一个密码：随意打开一本书任一页，看右手边这一页，让这一页码的最后一个数字来决定正确答案的位置。而右手边页码通常是以奇数结尾的，因此密码就可以这样设置：数字 1 代表正确答案应该放在 A 的位置即 1：A，那么 3：B，5：C，7：D，9：E，也可以按照字母顺序设置正确答案灵活变化的没有规律的位置形式，即根据选项首字母的顺序来设置。让正确答案落到其首字母相应的顺序位置上。

当选项答案是数字时，应该按照数字从小到大的顺序来编排选项相应的位置，这样就排除了暗示的可能(例如：正确答案是唯一不按数字顺序排列的选项就是一种暗示)。

14. 通过改变题干问题或是改变选项来控制试题难度。增加试题难度的一个可行办法通常是使题干中的问题复杂化，从而提高考查的知识点水平。但是也可以通过增加选项的相似性来提高试题难度，采取这一做法时，要注意这些选项之间细微区别应具有一定的教育意义，同时应和要检测的学习结果保持一致。

15. 确保试卷中每一题都是独立的。有时候某道题题干中的信息会有助于学生另外一道题的解答，这一点只要在把试题统编成试卷之前仔细检查一下就很容易避免掉。

当一道题的正确答案依赖前一道题的正确答案时，另一个新的问题又产生了。学生如果无法做对第一道题，那么他当然就无法做对第二道题了，所以像这类相互连锁的题型应该避免，每一道题都应该是一个独立的得分单位。

16. 使用有效的试卷格式。每一选项应该分行依次列举（如本章例题所示），这样就使得选项易于阅读和比较。同时选项的字母都在试卷的左侧出现，所以评分也就容易多了。试卷的副本可以用做评分模板：只要在副本上把正确答案圈起来，然后把副本放在学生试卷的旁边，使两份试卷的答案选项字母行相对应。

选项前用字母表示比用数字表示更可取，因为在数字题中出现的数字答案可能会引起学生的混淆。

17. 遵循常规的语法规则。如果题干是问题式的，每一选项开头的字母应大写，结尾应用句号或其他合适的标点符号。但数字答案的选项后面应省去句号，以避免学生把句号和小数点弄混，如果题干是不完整表述式的，每一选项的开头应用小写字母，结尾采用任何合适的分句标点符号都可以。

18. 只要能提高试题的有效性（功效），就打破（或合并）以上规则中的任意一条。以上这些多项选择题的编写规则表述相当刻板，只是作为初次编写试题者的一个辅助。一旦编写试题的经验已具备，命题者会忽略或改变某一规则的做法是值得提倡的。例如，在一题解答型的选择题中，为了考查学生是否能够选择所需要的信息来解决问题，在题干中添加一些外来干扰信息的这种做法也是有好处的。但是，在没有获得丰富的命题经验前，遵守本章所列规则还是对编写出高质量的试题有较大的帮助的。参看专栏 4-4 的总结检核表。

专栏 4-4 多项选择题：检核表

1. 这种题型是否适合于检测预期的学习结果？
2. 题干的任务和检测的学习任务是否一致？
3. 题干是否呈现了一个单一的设计清晰的问题？
4. 题干语言是否易懂而清晰？
5. 题干的措词是否不会在选项中重复出现？
6. 题干是否尽量以肯定形式表述？
7. 如果题干中用了否定词，否定词是否得到了强调（加下划线或大写）？
8. 被选答案是否是正确的或最佳的？
9. 所有选项是否和题干的语法保持一致，形式上保持平行？
10. 所有选项是否没有对正确答案提供字面上的暗示？
11. 干扰项对知识不足的学生是否显得似是而非且具有吸引力？
12. 为了消除句子长度上的暗示，正确答案的相对长度是否灵活多变？
13. “以上都是”这种选项是否已避免？“以上都不是”是否只是在合适条件下使用？
14. 正确答案的位置是否多样化并让学生识破不出模式规律？
15. 试题格式和语法使用是否提供了有效的测验？

要点小结

1. 多项选择题是最受青睐、最有用途的选择题型。

2. 多项选择题由一个题干和一系列选项(题肢或选肢)组成。

3. 多项选择题可以设计用来检测各种各样的(简单到复杂)预期学习结果。

4. 知识类题型主要检测简单的记忆材料的能力。

5. 理解类题型检测学生领会材料意义的程度。

6. 应用类题型检测学生是否能够把知识应用于具体情境中。

7. 设计用来检测知识水平以上成绩的题目应包含一定新意。

8. 多项选择题的题干中应呈现一个单一、设计清晰的问题，且和重要的学习结果相联系。

9. 被选答案应是正确的或是最佳的，并受到权威专家的认同。

10. 干扰项(不正确选项)应当似是而非，足以将那些知识不足的学生从正确答案上引开。

11. 试题必须用简洁明晰的语言表述，避免涉入不起作用的内容。

12. 试题不应该包含与之无关的、增加难度来源(例如含糊不清)的信息，这会使得知识充足的学生不能正确答题。

13. 试题不包含无关的暗示(如相关联的词语)，以免知识不足的学生也能正确作答。

14. 试题格式应当有助于学生有效进行答题，试题必须遵循一般语法规则。

15. 编写试题的规则为准备有效的多项选择题提供了一个框架，但由于经验的积累也会使命题者为了适应特殊情况而改变编写规则。

本章将使读者能：

1. 描述每种题型的特征。
2. 描述每种题型的优点和局限性。
3. 区分出每种题型中表述清楚与表述不当的题目。
4. 发现并改正每种题型中表述不当的题目错误。
5. 使每种题型与预期的学习效果相一致。
6. 编写每种题型中表述精确、与重要的学习效果相关的题目，但不能有缺憾。

第五章 编制选择题：是非题、配对题与解析题

选择题为测量各个级别水平的学习成就提供了最普遍适用的方式。因此，在使用选择型题目测量学生的学习成就时，一个有效的程序是开始时选用选择题，而当学习的内容和结果需要另一种题型来测量时就要改用另一种题型。例如：(1) 当只有两种可能的选择时，就可改用是非题；(2) 当有许多相关且相似的因素时，就可改用配对题；(3) 当要测量学生的分析能力、解释能力及其他复杂的学习效果时，就可改用解析题。这种程序既可以充分利用各种题型的优点又可以使各种题型的使用更加恰当。

是非题

是非题是用来测量学生辨别事实陈述对错能力的典型题型。这种题型的基本形式是一句陈述句，学生必须判断其对或错。这种基本形式还有许多其他变体形式，学生必须回答"是"或"不是"、"同意"或"不同意"、"正确"或"错误"、"事实"或"观点"等等，这些变体形式通常被称为**选择性回答题**(alternative-response)。在任何情况下，这种题型的特征都是只有两种可能的回答。

例题

试判断：是非题被归类为问答题。

对（ ）错（ ○ ）

在有些情况下，是非题要求学生对每一个陈述句作出对错的判断，并把错误的陈述句改成正确的。这时，每一句都有

一个画线的部分，表明这部分是可以更改的。例如，在上述例子中，短语“问答题”的就应画下划线。当然，正确陈述句的关键部分也必须画下划线。

是非题的另一种形式是在一个题干下有许多需要判断的项目。在这种情况下，所有的项目都以共同的题干为基础。

例题

下列哪些术语能够表示学生可观察的表现？能，就在“能”上画圈，不能，就在“不能”上画圈。

1. 解释	能（○）	不能（ ）
2. 分辨	能（○）	不能（ ）
3. 学习	能（ ）	不能（○）
4. 预测	能（○）	不能（ ）
5. 领悟	能（ ）	不能（○）

这种题目的形式能有效地用来代替有一个以上正确答案的选择题，其评分不可能令人满意。使用成套题就可以避免这种缺陷，因为这种题型中的每一项选择都是一个独立的评分点，各得一分。在上述例题中，学生必须写明每个术语能或不能表示学生可观察的表现。因此，相比之下，这些成套的题目比只有一个答案的多项选择题能更好地测量出学生“区分能与不能表示学生可观察的表现的能力”。这就很好地说明了前面所提及的程序——一开始时选用选择题，而当学习的内容和结果需要另一种题型来测量时就要改用另一种题型。

尽管是非题有很多局限性，但在许多情况下仍然需要使用是非题。只有两种可能的答案时，是非题或其变体形式都能提供最有效的测量结果。这种题型用在以下情况：把事物分类时简单回答“是”或“不是”、确定一项规则“适用”或“不适用”、区分是“事实”还是“观点”以及说明论点“相关”或“不相关”。正如前面所述，最好是只有当使用是非题或选择性回答题比用多项选择题更恰当时，才使用是非题或选择性回答题。请参看专栏 5-1 中是非题的优点及其局限性。

专栏 5-1 是非题的优点与局限

优点

1. 在只有两种可能选择的情况下，使用是非题（如事实还是观点、有效还是无效）。
2. 与选择题相比，是非题对阅读能力的要求较低。
3. 在一般的考试时间内，学生能回答的是非题的数量要比其他题型的多。
4. 与解析题相结合使用能测量出复杂的学习效果。
5. 评分容易、客观、可靠。

局限性

1. 很难编写超越学生知识水平但又不模棱两可的是非题。
2. 选择出错误的是非题并不能证明学生就知道什么是正确的。
3. 错误的答案不能提供诊断性信息。
4. 是非题的得分与其他题型的得分相比，有更多猜测的因素。

是非题编写原则

是非题与其他题型一样，目的都是鉴别学生有没有达到预期的学习效果。达到预期学习效果的学生就能够毫不费力地做出正确的选择，而没有达到预期学习效果的学生就会觉得错误选项与正确选项具有同样的迷惑性。编写是非题的原则就是为了达到这样一个目的。

1. 每个陈述句只能包含一个中心思想。题目的主要观点应放在句中突出的位置。对错的判定不应依靠次要的观点或琐碎的细节而定。一般来说，要避免在一个句子中同时陈述几个观点，因为这样会造成混淆，而且答案容易受到阅读能力而不是受到预期效果的影响。

例题

不佳：是非题也叫选择性回答题，受到测试专家们的推崇。

对（ ） 错（〇）

较好：是非题也叫选择性回答题。 对（〇） 错（ ）

上述欠佳题的例子应判定为错误，因为测试专家们并不推崇是非题，而在审题时却容易忽略这一次要观点。如果说这点很重要的话就应该在另一个题目中列为主要的观点。

2. 尽量使陈述句简短，使用简单的词汇和句型。简短的句子可以使题目的要点更加清晰，也可以让所有的学生都能理解句子的含义。学生答对或答错仅仅取决于他有没有获得必备的知识。

例题

不佳：是非题更加容易猜测答案。但在缺少似是而非的干扰项的时候，如果题目编写得好，就应使用是非题，而不用选择题。 对（〇） 错（ ）

较好：在只有两种选择可能的情况下应使用是非题，而不用选择题。

对（〇） 错（ ）

很多冗长的是非题与欠佳题一样，倾向于既测学生的学习表现，又测学生的阅读理解能力。而编写题目的一个基本原则应该是注重题目的预期功能，排除不相关因素的影响。

3. 陈述句的表达要准确，以便能明确地判定是对还是错。正确的句子在任何情况下都应该是正确的，而不受一些修饰词（如“可以”、“可能”等）的影响，因为这些修饰词可以提供判断的提示。这就要求用词要准确，避免使用“很小”、“通常”、“经常”等模糊不清的词。同样，错误的句子也应注意用词，错误的陈述与正确的陈述在用词上不应该有明显的差异。乍眼一看，这样做似乎是一条规则，但往往会引起一些麻烦。

例题

不佳：延长考试可以提高考试的信度。 对（ ）错（○）

较好：增加难易程度相似的考试题量可以提高考试的信度。

对（○）错（ ）

上述欠佳题应判定为错误，因为此题在任何情况下都是错误的。例如，如果增加的考试题目所有学生都不会做，那么就无法改变考试的信度。不过，欠佳题在考试中将不会是一个很好的题目，主要是因为它要求学生把一个很重要的测量原则判定为错误。我们可以说"通常会提高"，但是这一修饰词又会促使那些对此不是很熟悉的学生将其判定为正确，从而不劳而获地得到这一分。较佳题中就没有这种提示答案的"暗示词"。事实上，对此不是很熟悉的学生可能会认为在低信度的考试中增加考试题目不可能提高考试的信度，但殊不知这样确实可以提高信度。这个例题说明在表达一个陈述句时要特别注意用词，虽然不包含有提示答案的"暗示词"，但须保证考生可以明确地判定它是正确的。

4. 少用否定句、避免使用双重否定句。在否定句中"不"或"不是"经常被忽视，而把否定句当成肯定句读。因此，只有在必要的时候才使用否定句(例如，要避免某一有害的做法)，此时应在否定词下画线或使用大写字母以示强调。双重否定句易使学生迷惑，应改为肯定句的形式。

例题

不佳：猜测校正不是一种从不用于考试的做法。 对（○）错（ ）

较好：猜测校正是一种有时也用于考试的做法。 对（○）错（ ）

欠佳题中的双重否定句句意很含糊，使其成了考查学生阅读能力的题目。而较佳题中却用肯定句的形式清晰地表达了同样的意思。

5. 除非用来区分事实与观点，否则观点的陈述应该说明出处。一个观点的陈述本身并没有对错之分，而让学生把它当做一个事实陈述来回答就是一种糟糕的教学方法。很显然，学生要答对这种题目，唯一的方法就是赞同出题者的观点。如果题中的观点能说明其出处，如出自某个人或某个组织的观点，那将更有说服力。此时，题目就变成测量学生对那个人或那个组织的信条或价值观的认识有多深。

例题

欠佳题：测试应该在教与学的过程中发挥较重要的作用。对（ ） 错（ ）

较佳题：格朗伦德认为测试应该在教与学的过程中发挥较重要的作用。

对（○） 错（ ）

在某些情况下，引用同一个人或同一个组织的一系列观点，就能更全面地测量出学生对其信仰或价值观的理解程度。

例题

你所用教材的作者是否赞同下列说法？赞同的选择 A，不赞同的选择 D。

成绩测试的第一步就是要说明依据学生什么样的表现界定预期的学习效果。

A (◯)D( )

要测量学生的学习成绩，是非题比多项选择题好。 A ( )D(◯)

用大约10个相类似的题目就能很好地表明学生把握作者观点的程度。同样，这样的题目也可以用来测量学生对教材的理解程度，而并不要求他们赞同教材中所表达的观点。当然，选择某一领域中许多专家都赞同的观点来编写试题，就更加理想。

观点陈述的另一个重要用途就是让学生区分事实陈述与观点陈述，这是一个很重要的学习效果，也是批判性思维的一个基本组成部分。

例题

请阅读下面各个句子并判断其是事实还是观点。

是非题是一种选择题。 事实(◯)观点( )

是非题很难编写。 事实( )观点(◯)

是非题鼓励学生猜答案。 事实( )观点(◯)

是非题评分客观。 事实(◯)观点( )

最后两个例子除了说明观点陈述在考试题目中的应用以外，还说明了是非题的其他几种变体形式的应用。这些形式从逻辑上来说，应该称为选择性回答题。

6. 要测量学生对因果关系的判断能力，对原因和结果的陈述都必须正确。是非题可以用来测量学生"辨别因果关系的能力"，这是理解能力的一个很重要的方面。如果要测量学生的这种能力，对原因和结果的陈述都必须正确，只要求考生判断因果关系是正确还是错误。

例题

不佳：是非题被归类为客观题，因为学生必须提供答案。 对( )错(◯)

较好：是非题被归类为客观题，因为只有两种可能的答案。

对( )错(◯)

欠佳题应是错误的，因为句子的第二部分是错误的。对于是非题，学生只需要选择一个答案而不需要提供答案。然而，有的学生会认为句子的第一部分是错误的，而把这个题目判定为错误。因此，他们因为不知道选择题被归类为客观题而得到一分。很显然，如果错误的信息能导致正确的回答，题目就没有达到预期的目的。欠佳题的问题就在于题中的三个要素(第一部分、第二部分及两部分之间的关系)都可能变化，这就不可能说明学生在判定题目为错误时是根据哪一部分来作出判定的。较佳题句子的前后两部分都是正确的，学生只需要判定第二部分能否说明为什么第一部分是正确的就可以。在这道题中，第二部分不能说明为什么第一部分是正确的，因此，是错误的陈述。一般说来，判断因果关系的题目，在题目的前面都有详细的考试指导语，说明只需要判断每个句子前后两部分之间的因果关系是正确还是错误。

7. 避免在题目中出现不相关的提示。有一些特定的限定词可以为题目的对错提供文字上的提示。含有绝对词义的词如“总是”、“从不”、“全部”、“没有”和“只有”等的陈述句，多半是错误的；而含有如“通常”、“可能”和“有时”等修饰词的句子，多半是正确的。因此，陈述句中不能有上述两种文字上的提示，或者正确的题目和错误的题目都使用限定词或修饰词，以保持均衡。

例题

不佳：是非题从不使用陈述观点的句子。　　对（　）错（○）

不佳：是非题会使用陈述观点的句子。　　对（○）错（　）

较好：陈述观点的句子本身并没有对错之分。　　对（○）错（　）

句子的长度及其复杂性也可能提供提示。正确的句子因为需要修饰词，一般说来要比错误的句子更长、更复杂。因此，应尽力使正确的句子和错误的句子在长度及其复杂性上保持均衡。

正确的句子与错误的句子比例不协调也可能提供提示。最好是使正确的句子与错误的句子数量相当，但又不要完全一样对错各半。当然，在组合试题时也必须避免把正确答案的形式编得有规律、易识别（如对，错，对，错）。若随机排列题目，就可以消除这种隐含的提示。

8. 把题目建立在线索材料的基础上，以测量较复杂的学习效果。在解释书面材料、表格、图表、图或图片时，通常使用是非题或选择性回答题。利用线索材料就可以测量出各种复杂的学习效果。这些题型将在本章后面的解析题部分进行介绍。现请参看专栏 5-2 评价是非题的检核表。

专栏 5-2　评价是非题的检核表

1. 这种题型是否适合测量学生预期的学习效果？
2. 题目的内容是否与欲测的学习任务相一致？
3. 每一题是否只包含一个中心思想？
4. 每一题是否能明确地判定为对或错？
5. 题目是否简明、表述是否简单明了？
6. 是否少用否定句、避免双重否定句？
7. 陈述观点的题目是否说明其出处？
8. 题目是否给答案提供了提示（如文字上的提示或题目的长短等）？
9. 正确题目与错误题目的数量是否相当？
10. 试卷中正确题目与错误题目的组合是否随机安排？

配对题

配对题是选择题的一种简单的变体形式。当一个选项在几个多项选择题中重复出现时，最好把它改成配对题的形式。请参看专栏 5-3 配对题的优点及其局限性。

专栏 5-3 配对题的优点及其局限性

优点：

1. 同一反应适合于一系列题干时采用紧凑、高效的配对题形式。
2. 阅读题目和作出反应的时间较短。
3. 如果各选择题有共同的备选项，采用配对题更加容易命题。
4. 评分容易、客观、可靠。

局限性：

1. 这种题型主要限于测量以联想为基础的简单的知识学习效果。
2. 很难编写各备选项性质相似且数量又足够的题目。
3. 与其他题型相比，受无关提示的影响更大。

例题

下列哪种题型最不能提供教育诊断信息？

A. 选择题　　*B. 是非题　　C. 简答题

下列哪种题型最能测量出学习效果的多样性？

*A. 选择题　　B. 是非题　　C. 简答题

下列哪种题型难以做到评分客观？

A. 选择题　　B. 是非题　　*C. 简答题

下列哪种题型利用猜测的方法可获得最多的分数？

A. 选择题　　*B. 是非题　　C. 简答题

如果把这些题目改编成配对题的形式，就可以消除重复各答案选项的现象，同时还可以把题目编排得更加紧凑。配对题包括一系列的题干，也叫**前提**(premises)，和一系列的备选答案，也叫**反应**(responses)。这些题干和备选答案都以分栏的形式编排并说明搭配的规则。下面的例题说明了如何把选择题转变成配对题的形式。

例题

指导语：A栏列举出了考试题型的一些特征，从B栏中选出最符合这一特征的题型并把该栏各备选项前的字母填在句子前的括号内。B栏中的各备选项可以选用一次、多次或不选用。

A 栏	B 栏
(B) 1. 最不能提供教育诊断信息	A. 选择题
(A) 2. 最能测量出学习效果的多样性	B. 是非题
(C) 3. 难以做到评分客观	C. 简答题
(B) 4. 利用猜测的方法可获得最多的分数	

这里把选择题改编成配对题或许最能说明使用配对题的必要性。通常情况下，配对题都包含一些各不相同的前提，而每一前提都只有一个或两个正确的答案。因此，若事先使用的是选择题，而改成配对题也能测量出同样的学习成就，而且题目的形式

又更紧凑、更有效时，就要改编成配对题的形式。在上述的例题中，我们也可以增加一些相似的前提和反应来扩展整个题目。

配对题命题原则

编写得好的配对题与多项选择题的功能一样。题目中每一个前提都应该有正确的反应与之相对应。制定配对题的原则就是为了达到这样一个目的。

1. 每一个配对题都只能包含相关的材料。例如，在前面的例题当中，就只包含有几种题型及其特征。同样的，在一个题目中也只能包含作者及其作品，发明家及其发明创造，科学家及其发现，或者历史事件及其时间等等。如果所有的反应都是正确的、可供选择的答案，那么题中所用的材料都必须是相关的(请参看前面的例题)。

2. 每一个配对题的前提和反应中所包含的项数不能太多，并把简略的反应项放在右边。题目中前提和反应的项数少(如少于10项)可以节省阅读题目的时间，学生更容易找到答案，同时可以提高反应栏中各项的相关性。把简略的反应放在右边也可以节省阅读题目的时间。

3. 反应栏的项数要比前提栏的项数更多或更少，并且允许反应栏中的备选项被选用一次以上。前提栏和反应栏的项数不均等及每一个备选项至少被选用一次，可以减少猜测的因素。正如前面所述，配对题要求所有备选项都可以作为各个前提似是而非的备选答案。当然，这也要求每一个反应栏中的备选项都符合至少被选用一次的条件。

4. 把各反应栏中的备选项按字母顺序或阿拉伯数字顺序排列。这样选择的时候更方便，并且可以避免因各项排列的顺序不同而带来的干扰答题的提示。

5. 在题目指导语中应具体说明搭配的基本规则，并说明每一个反应项只能选用一次、至少选用一次或者可以不选用。这样，可以让所有的学生都清楚题目的任务，以防出现各种误解。不过，要注意题目的说明部分不能太长、复杂难懂。在前面所举的例题中，题目的说明就恰如其分。

6. 把配对题的前提和反应栏中的各备选项放在同一页。这样可以防止学生来回翻页时分散注意力，也可以防止学生在看某一页上的前提项时忽视另一页上的各备选项。请参看专栏5-4评价配对题的检核表。

专栏5-4 评价配对题的检核表

1. 这种题型是否适合测量预期的学习效果？
2. 题目的任务是否与欲测的学习任务一致？
3. 每个题目是否只包含相关的材料？
4. 题目中列举的项数是否较少？简略的反应项是否编排在右边？
5. 题目中前提栏和反应栏中的项数是否不均等？

续

6. 反应栏中的各项是否按字母顺序或阿拉伯数字顺序排列？
7. 题目的指导语是否清楚地说明了搭配的基本规则，是否清楚地说明了每一反应项只能选用一次、至少选用一次或者可以不选用？
8. 整个题目的前提项和反应项是否都在同一页？

解析题

一般来说，以具有共性的线索材料为基础编写的系列考试题目，能更有效地测量出各种复杂的学习效果。这种线索材料可以是一段文字、表格、图表、图或图片等等。因此，可以设计以线索材料为基础的各种考试题目来客观地测量出各种智能和技巧。这种类型的题目通常叫做**解析题**(interpretive exercise)，并且广泛采用多项选择题或选择性回答题的形式来测量学生解释线索材料的能力。

下面的例题说明了如何使用多项选择题的形式来测量学生的解析能力。特别值得注意的是这种题型可以用相同的线索材料测量出各种各样的学习效果。在下面的例子中，题目 1 用来测量"分辨材料中未阐明的假设的能力"；题目 2 用来测量"确定一个术语的含义的能力"；题目 3 用来测量"确定各种关系的能力"。

例题

指令：阅读下列某教师对考试的评价，然后回答后面的问题，在最佳答案对应的字母前画 *。

"学生是去学校学习的，而不是去考试的。此外，考试也不能绝对地衡量学生的学习水平。所有的考试能做的就是按考试成绩给学生排名，且这种相对的排名还受到猜测、蒙骗和评分教师的主观评判等因素的影响。如果我们取消考试，从而依靠学生的自我评价，那么教与学会更加有利于学生的发展。"

1. 下列哪一项是这位教师隐含的假设？

A. 学生去学校学习。

B. 教师主要用写作题来考试。

*C. 考试对学习没有帮助。

D. 考试不能绝对地衡量学生的学习水平。

2. 这位教师主要谈论的是下列哪种类型的考试？

A. 诊断性考试。

B. 形成性考试。

C. 预测性考试。

*D. 终结性考试。

3. 下列哪一项最符合文中的结论？

*A. 有效的自我评价不需要考试。

B. 考试只是把学生按成绩排名。

C. 考试分数除了受考生成绩影响以外，还受其他因素的影响。

D. 学生不是去学校应付考试的。

下面一个例子采用的是选择性回答题。这种题目通常叫做**提供答案型试题**（key type），因为每一个问题都是从一组共同的备选答案中选择一个来回答。特别要注意，这种题目专门用于测量单一的学习效果。在这个例子中的题目是用来测量"辨别合理推论与不合理推论的能力"。

例题

指令：段落 A 是一位高中教师史密斯先生对考试的描述。请阅读这段描述及其后面的陈述，并判断这些句子是不是从这段材料中得出来的推论。把正确答案填在每个句子前面的括号内。

T — 即推论是正确的

F — 即推论是错误的

N — 即不是从这段材料中得出的推论

段落 A：

大约考试前一个星期，史密斯先生仔细地阅读了一遍教材，并根据教材中的内容编写了多项选择题。在这些试题中，正确答案的用词与教材上的用词完全相同，因此其正确性就毋庸置疑。他很小心谨慎，每一章中都会出一些题目。考完以后，他把考试分数从高到低写在黑板上，并告诉每个学生各自的分数。他没有把试卷发还给学生，但把学生不懂的问题都回答了一遍。然后他把每次考试的题目收集起来，做成试题文件，以备今后使用。

关于段落 A 的一些陈述如下：

（T）1. 史密斯先生的考试所测量的学习效果的范围有限。

（F）2. 史密斯先生的考试题中，有些是测量理解水平的。

（N）3. 史密斯先生的考试合理地测试了课程中的各部分内容。

（N）4. 史密斯先生所用的考试题型最适合他的考试目的。

（T）5. 学生们可以确定他们的分数在所有分数当中所处的位置。

（F）6. 史密斯先生的考试有可能激励学生克服自己的弱点。

这种提供答案型的题目易于编写，而且与具体的学习效果有直接的相关。当然，这种提供答案型试题只要稍微改变线索材料及其后面的陈述，就可重复使用。因此，它们提供了出题的框架性标准。其他一些答案类型有：（1）论据相关、不相关或两者都不是；（2）论据支撑论点、论据驳斥论点或两者都不是；（3）假设是必要的或不必要的；（4）结论是有效的、无效的或其有效性无法确定。虽然不能草率地使用这些标准的答案类型，但它们能为简化解析题的编写提供指导。请参看专栏 5 - 5 解析题的优点及其局限性。

专栏 5-5 解析题的优点及其局限性

优点

1. 解析题提供了一种有效地测量解释各种文本信息（如文字材料、图表、曲线图、图和图片等）的能力。
2. 与单一的某题型相比，解析题能测量出更有意义、更复杂的学习效果。
3. 解析题中使用的线索材料为回答问题提供了共同的基础。
4. 解析题评分容易、客观、可靠。

局限性

1. 很难编写有效的题目。
2. 理解书面材料受阅读技巧的影响。
3. 这种题型容易受到无关提示的影响。
4. 不能有效地测量出产生、组织和表达各种观点的能力。

解析题命题原则

如前所述，解析题是否能有效地达到测量的目的，取决于所选择的是什么样的线索材料及编写题目的技巧。下面的这些原则提供了编写高质量解析题的指南。

1. 所选取的线索材料要与欲测量的学习效果相关。线索材料可以采取多种形式：文字材料、表格、图表、曲线图、图、图片或漫画。在有些情况下，解释线索材料的能力是一种重要的学习效果，如“解释气象图”或“解释直线图”。选用什么样的材料显然取决于预期达到的学习效果。然而，在另外的一些情况下，选择线索材料也是测量其他重要学习效果的一种手段。例如，“辨别有效结论与无效结论的能力”就可以通过选用不同的线索材料来测量。所选的材料要能最直接地测量出学习效果，同时材料要为考生所熟悉，并且对阅读能力的要求要尽量低。对于孩子来说，将首推带有图片说明的材料。

2. 所选取的线索材料对考生来说应该是新的。虽然材料的形式是考生所熟悉的，但在考试当中所用的具体内容应该是新的。因此，如果要考生确定在一幅图中所呈现的某些关系，这种图表就应该是他们所熟悉的，但图表中的具体数据必须是新的。如果这些数据与课堂上所讲的或教材上所写的一样，那么测量的就仅仅是记忆这些资料的能力。若要测量一些复杂的学习效果，所选取的材料还要新颖。新颖程度取决于预期学习效果的具体要求。

在有些情况下，可以考虑利用那些考生难以获得、对他们来说也是新的知识的资料。然后，加以适当的改编以适合测试的目的。但在另外一些情况下，就必须准备一些完全是新的材料（如写一段文字、画一张曲线图、画一幅图或画一幅画等等）。不过在任何情况下，如果考试题目都出自这些材料，就需要做进一步的修改。从本质上来说，这是一个循环的过程，即编写题目时要求修改线索材料，反过来这些修改又可以为编写新的题目提供思路。在改编和修改这些材料的过程中，必须注意如果不能有效地测量出预期的学习效果，就不要过分强调材料的新颖性。

3. 所选取的线索材料要简短、易读。如果所用的线索材料很长，而考试的题目只有一个或两个，那么这种考试无论是对出题的人还是考生都是浪费精力。如果是书面文字材料，内容量太大，就会给缺乏阅读技巧的人带来很多困难。因此，理想的做法是线索材料要简短、明了而又能为几个相关的考试题目提供足够信息。这种材料通常可以取自一些摘要、文摘和各种文字材料缩略本。有时，图片或图表也可以提供最为简明的材料。正如前所述，首推对阅读能力要求最低的材料。

4. 编写的试题要能测量出表示学习效果的各类学生表现。为了充分地测量出解释线索材料的能力，要求问题的表述用词严谨，同时要特别注意以下两点：首先，题目的答案不能在材料中直接给出，因为在测量智力技能时要求的不仅仅是“辨认已陈述的事实”；其次，题目的作答不能脱离线索材料。如果根据常识就能回答这些问题，那么就不是在测量解释材料的能力。关于这种差错，可以这样来检查，即遮住线索材料，然后看是否能回答这些问题。

5. 编写解析题应遵循编写其他各种客观题的原则。所有前面两章中讨论的编写各种客观题的原则都适合于编写解析题。不过，为了避免无关提示的影响，对于解析题甚至要更加谨慎，因为解析题特别易受各种无关提示的影响，而且还很难发觉这些题目中的无关提示。例如，在配有插图的线索材料中，插图的大小、形状和位置都要特别注意，以防提供无关的提示。对于一个注重错综复杂的思维反应的出题者来说，这些方面往往会被忽视，但对于一个毫无准备而又急于寻找问题答案的学生来说，这些方面却不会被忽视。

查阅大量的使用不同类型线索材料的题目以及这些题目的各种不同形式，对于编写解析题是很有帮助的。如果要找一些这种题目的实例，可参见本章的一些参考资料。请参看专栏 5-6 评价解析题的检核表。

专栏 5-6 评价解析题的检核表

1. 这种题型是否适合测量预期的学习效果？
2. 线索材料是否与学习效果相关？
3. 线索材料对于考生来说是否是既熟悉又新奇？
4. 线索材料是否简明而且阅读能力层次恰当？
5. 考试题目能否测量出表示学习效果的各类表现？
6. 考试题目是否测量解析能力(辨别或记忆除外)？
7. 考试题目是否符合有效编写试题的标准？
8. 编写的解析题是否不受无关提示的影响？

要点小结

1. 在实际编写试题的过程中，开始时使用多项选择题，恰当的时候改换成其他的选择题题型。

2. 当只有两种可供选择的答案时，适合用是非题或选择性回答题。

3. 尽管存在一些特例，是非题主要还是用来测量具体的事实性的知识。

4. 每个是非题只能包含一个中心思想、陈述要简明、不受其他提示和无关资料的影响，并且答案要得到专家们的一致认同。

5. 是非题的各种变化形式能有效地测量“区别事实与观点”和“确定因果关系”的能力。

6. 是非题的变体形式也能用于解析题，以测量各种复杂的学习效果。

7. 配对题是选择题的一种变换形式，是一种结构紧凑、高效率的测量同类学习成就的手段。

8. 配对题由一排前提和一排与前提相关的反应组成。

9. 编得好的配对题应以性质相同的材料为基础，包括简明的前提项和与前提项数目不均等的反应项（更多或更少），每个反应项至少使用一次，且把反应项放在右边的一栏。

10. 配对题的指导语部分应明确搭配的基本原则，且每个反应项至少使用一次以上。

11. 解析题由一系列以某种线索材料（如段落、表格、图表、曲线图、图或图片）为基础编写的选择性题组成。

12. 解析题既可用选择题的形式也可用选择性回答题的形式来测量各种复杂的学习效果。

13. 解析题中所用的线索材料必须与要测量的学习效果相关，且材料对于考生来说应是新的、阅读难度适当，同时尽可能简短。

14. 解析题中所用的考试题目应具备预期的解析能力才能回答，而且要基于线索材料作答。

15. 解析题中所用的考试题目应与编写这种题型的原则相一致。

本章将使读者能：

1. 说出简答题的优点和局限性。
2. 区分表述清楚和表述不当的简答题。
3. 找出并更正命题中不当的地方。
4. 使简答题和预期学习效果相一致。
5. 编写出表述清楚、与主要学习效果相关、没有漏洞的简答题。
6. 说出论述题的优点和局限性。
7. 区分限制性反应论述题和扩展性反应论述题。
8. 编写任务表述清楚、与主要学习效果相关、能提供评分指南的论述题。
9. 更有效地给论述题进行评分。

第六章 编制主观题：简答题和论述题

如前面两章所述，选择题用于测量各种由简单到复杂的学习成效。成绩考试偏向于使用选择题，这是因为选择题能够：(1) 更好地控制学生的反应；(2) 拓宽以成绩为母体的抽样面；(3) 使评分更快捷、更客观。尽管选择题有这样一些优势，但是测评成绩时**问答题**(supply-type items)同样可以发挥重要的作用。

问答题要求学生自己作出回答。回答可能是一个字，也可能长达几页。虽然回答的长度是一个从短到长的连续体，但问答题一般可以分为简答题、限制性反应论述题和扩展性反应论述题三类(参见图 6-1)。

简答题

简答(或填空)题要求受试者用适当的词语、数字或符号来回答问题或把句子补充完整。

例题

多项选择题中不正确的选项叫什么？(<u>干扰项</u>)

多项选择题中不正确的选项叫做(<u>干扰项</u>)。

这种类型的题也包括计算题和要求给出答案而不是进行选择的其他简单题型。除了在计算题中使用外，简答题主要

高度控制的回答 ←——→ 高度自由的回答

简答题	限制性反应论述题	扩展性反应论述题
测量内容	测量内容	测量内容
知识 计算 能力	知识 理解 应用 分析	理解 应用 分析 综合 评价

图 6.1 按对回答的控制程度分类的问答题及每类题型主要测量的学习效果一览表

用来测量简单的知识获得情况。

表面上看，简答题似乎既容易编写又容易使用。但在设计题目时，存在两个主要问题。首先，要表述清楚一个问题或一个补充式陈述，使之只有一个正确答案是非常困难的。例如，在上面所给出的例子中，学生可能会得出许多答案，而任何一个你都不能说它错。学生可能会写“不正确的选择”、“错误答案”、“不恰当的选项”、“诱饵”、“陪衬”或其他相同性质的描述性的答案。其次，还有拼写问题。如果只有答案拼写正确才给分，那么那些不擅长拼写的人将无法体现出他们的真实水平，测试分数将成为一个包括知识和拼写技能的、解释不清的混合体。另一方面，如果在评分过程中忽视拼写，那么仍然存在一个问题，那就是你需要判断那些没有拼对的词是否代表预期的答案。当然，这就会使主观因素介入，从而降低分数作为学生成绩量尺的可靠性。关于简答题的优点和局限性，参见专栏 6-1。

专栏 6-1 简答题的优点和局限性

优点

1. 命题容易。
2. 和选择题相比较，学生猜测的可能性减少。
3. 比较适合于计算类问题和检测其他一些写出答案比较重要的学习效果。
4. 对所学知识的测量面加大。

局限性

1. 很难做到把题目表述清楚使其只存在一个正确答案。
2. 用文字回答问题时，分数受拼写能力的影响。
3. 评分过程乏味且耗费时间。
4. 不适合测量复杂的学习效果。

由于这些缺点，简答题的使用只限于以下情形，即当只有作出回答才能测量出所要测量的学习效果时。例如，在要求学生回想知识点、解答计算题、或选择题会使答案过于明显时。在这些情形下，尽管简答题存在不足，但仍被用来测量学习效果。

简答题命题规则

1. 尽可能使其只存在一个唯一的、简洁的答案。这要求在措词和精确术语的使用上颇具技巧。在前面的例题中，我们看到，在一个出题者看来既清楚又简单的问题往往会有许多种不同的答案。这就让我们用这条规则再次检查题目，并做出必要的修改。

2. 可以直接提问，但当为了使问题更加简洁时可以把提问改为补充式陈述。直接提问可以使问题的表述更为清楚，而且只有一个正确答案的可能性更大。同时，基于提问形式的问题编写补充式陈述，可以降低补充式陈述的模糊性。

例题

是非题也叫做什么题？（二项选择题）

是非题也叫做（二项选择题）。

在一些情况下，最好是保留提问的形式。尤其对年龄小的学生来说，这样做使题目更清楚。

3. 最好只留下一个空格，而且空格所要填的内容必须是整句话的核心部分。留出多个空格容易使学生感到困惑，而且某一个空格的答案可能取决于另一个空格的答案。

例题

不佳：根据作答的类型，（配对）题很像（多项选择题）。

较好：根据作答的类型，哪一种题型最像配对题？（多项选择题）

在欠佳题中，对于许多不同的回答，我们不得不给分，例如，“简答”和“论述”，“是非”和“多选”。很明显，这道题并没有预期的功效。

避免让学生回答一些不重要的或次要的考点，注重题目的要点，空格部分只能填关键的答案。

4. 在句子的末尾留出空格。这使学生在填空之前读完问题。这样做可以避免造成困惑和再次读题，也容易评分。正如前面所建议的，先用提问的形式出题，再编写成空格在末尾的补充式陈述会比较容易。在某些情况下，这就是个改变措词和变换回答内容的问题。

例题

不佳：当考试延长，（信度）很可能会提高。

较好：当增加考试题量时，信度很可能会（提高）。

针对这种题目，较佳题有更清楚的重点。欠佳题可能出现像“效度”、“测试时间”、“疲劳”之类不是考生预料的，却明显是正确的答案的问题。这再次说明编写简答题时要特别谨慎。

5. 避免影响作答的无关提示。简答题中，最常见的影响回答的提示之一是空格的长度。如果较长的空格需要填写较多的内容，而较短的空格需要填写较少的内容，这很明显会成为一种提示。因此，所有空格长度应该相同。另一种影响因素是在空格前使用不定冠词"a"或"an"，这有时会泄漏答案，或至少可以排除一些可能的错误答案。

例题

不佳：问答题中被用来测量组织和综合资料能力的题叫做一种(论述题)。

较好：问答题中被用来测量组织和综合资料的能力的题叫(论述题)。

欠佳题排除了作出简短回答的可能性，即不能主观作答，因为主观回答不会出现在冠词"an"的后面。一种解决办法是提供两个不定冠词，写成"a(an)"的形式，另一种解决办法是不用冠词，而采用复数形式，如较佳题所示。

6. 答案为数字时，规定要求的精确度和单位。规定精确度(例如，最接近的整数)可以让学生弄清楚任务是什么，也避免让他们多花时间。规定答案的单位将有助于评分，因为这使答案更加统一(例如，用分钟而不是小时的分数形式)。当学习效果要求了解常用的单位类型或有预期的精确度时，就可以不考虑这一规则。参见专栏 6-2 的检核表。

专栏 6-2 衡量简答题质量的检核表

1. 这种题型是否适合测量预期的学习效果？
2. 题目测量的任务和被测量的学习任务是否一致？
3. 题目是否只有一个唯一的、简洁的答案？
4. 题目是直接提问还是表述清楚的不完整句子？
5. 要求的答案是否与题目的要点有关？
6. 空格是否放在句子的末尾？
7. 是否避免了影响回答问题的因素？(例如："a"或"an"；空格长度)
8. 是否规定了数字答案的单位和精确度？

论述题

论述题最显著的特征是回答问题的自由度。和简答题一样，论述题要求学生写出答案。然而，做论述题时，学生可以自己决定从哪个角度看待问题、使用什么样的材料、如何组织、如何做到详略得当。因此，论述题对于测量学生的组织、综合和表达能力十分有用。而这是选择题和简答题所做不到的。

在决定什么时候使用论述题，如何使用论述题时，最好比较一下它相对于选择题的优点，如表 6-1 所示。从表格中可以看出，两种题型都是对达到某些目的是有效的，而另外一些却是无效的。从所测量的学习效果的类型和对学习的影响两方面来看，两种题型是互补的。因此，采用选择题还是论述题不是问题的关键，重要的是什么时候使用。为了充分涵盖预期的学习效果，通常测验会要求两种题型都使用。

表6-1 选择题和论述题的总体比较

	选择题	论述题
测量的学习效果	适合测量知识、理解、应用层次的学习效果，不适合测量组织和表述能力	适合测量组织、综合和表述能力，不适合测量知识性的学习效果
试题内容抽样	题量大，覆盖面广，对学习内容的抽样具有代表性	题量小，覆盖面有限，对学习内容的抽样代表性较小
试题准备	出好题目比较困难，且耗费时间	出好题目虽然困难，但比起选择题，相对容易
评分	客观、简单、可靠性高	主观、困难、可靠性较低
影响分数的因素	分数易受阅读能力和猜题等因素的影响	分数易受写作能力和蒙骗心理的影响
对学习的作用	培养学生记忆、解释和使用别人观点的能力	培养学生组织、综合和表达自己观点的能力

论述题的类型

论述题所允许的回答的自由度差异性很大。可以要求学生给出简短、准确的答案，也可以给他们很大的自由来决定回答的形式和范围。第一种类型的题目通常叫做限制性反应论述题，第二种类型的题目称为扩展性反应论述题。这是一种对论述题武断的，但是方便的分类形式。

限制性反应论述题 限制性反应论述题对答案有严格的限制。回答问题的范围往往被题目限制，通常要注明作答问题的形式（例如，“列举”、“界定”、“说明原因”之类的词）。在一些题目中，回答还会因为引导性材料或特殊的考试指令受到进一步的限制。

例题

比较选择题和论述题在测量理解层面的学习效果时各自的优点。回答不超过一页。

例题

一个九年级科学课的老师罗杰先生想用笔试的方法测量他的学生“解释科学数据

的能力”。

1. 写出罗杰先生应该遵循的步骤。
2. 说明所采用的各个步骤的原因。

限制论述题回答的形式和范围既有优点，也有缺点。优点在于更容易准备问题，可以让问题与具体的学习效果有更直接的联系，评分更容易。但另一方面，没有机会给学生展示他们组织、综合和创造答题的新模式的能力。这种强制性的限制使得限制性反应论述题更适合测量理解、应用和分析层面的学习效果，而对于测量综合和评价层面的学习效果却作用不大。测量综合和评价层面的学习效果，扩展性反应论述题是更为合适的方式。

扩展性反应论述题 扩展性反应论述题在回答问题的形式和范围上给学生绝对的自由，虽然有时也可能会有一些严格的操作性限制，例如时间限制或页数限制，但是对回答问题所用材料的选择和回答问题的形式的限制会减少到最低程度。学生拥有足够的自由来表现自己综合和评价的技能，只要适当地控制来确保事先想要测量的智力技能和能力在答题时有所体现。因此，根据要测量的学习效果，不同的题目对答题的思路有不同的要求，但强调的是只要情况允许，就给学生提供更多的自由。

例题

综合层面的学习效果：为你正在教或期望教的课程，制定一个完备的计划来测评学生的成绩。计划必须包括你采用的步骤、使用的工具和作出这些选择的原因。

例题

评价层面的学习效果：（给学生一套完整的成绩考试试题，但是测验的指令、考题和考题安排上均有错误和缺陷。）对这次测试作批判性评价，使用课本中讲过的设计测验的规则和标准作为评估质量准则。内容必须包括对测验的优点和缺点作出详细分析，对测验的整体质量和可能产生的效果进行评价。

扩展性反应论述题让学生创造性地综合观点，对材料进行总体性评价，思考更多解决问题的方法。这些都是重要的学习的结果，而其他类型的测验题则无法对这些结果进行测量。当然，最大的问题是如何评价具备较高效度的答案，从而对学生的学习进行有益的测量。这是一项既困难又耗时的工作。但是所产生的结果的重要性会让你觉得值得付出额外的关注和努力（参见专栏 6-3）。

专栏 6-3 论述题的优点和局限性

优点

1. 可以测量高层次的学习效果（分析、综合、评价能力）。
2. 准备题目所用时间比选择题少。

续

3. 强调学生综合和应用观点的能力。

局限性

1. 由于回答每道题目所需时间较长，对学习内容的抽样不充分。
2. 由于学生在选择、组织和表达观点上的自由，学生的答案与预期学习效果难以一致。
3. 可能会因写作技巧和蒙骗技巧而得分，也可能因为书写差、拼写错误和语法错误而丢分。
4. 评分耗时、主观、可靠性低。

论述题命题规则

编写出清楚、没有歧义、与期望相吻合的论述题是一项比想象中更困难的任务。以下规则不会使得编写任务更容易，但会使编写出的论述题更有质量。

1. 论述题仅用于测量更为复杂的学习效果。对于大多数知识性学习效果，用论述题来对其进行测量收益不大。通常，用客观题来测量这样的学习效果会更为有效，客观题没有论述题带来的评分困难和抽样量小的问题。也可能有例外情况，比如当写出答案变成了学习效果的重要组成部分时。但是对于大多数知识性学习效果而言，采用论述题是弊大于利。

对于测量理解、应用和分析层面的学习内容，客观题和论述题很适用。尽管这时客观题似乎更有优先权，但当要求学生说明原因、解释关系、描述数据、形成结论或以其他方式给出答案时，论述题将发挥其特长。当给出的答案至关重要时，使用一个设计恰当的限制性反应论述题可能是最合适的。

对于测量综合和评价层面的学习内容，客观测验和限制性反应测验的意义就不太大了。这些测试方式可以用来测量总体过程中某些具体的方面，但对于一项完整的工作（例如，操作计划）或对一项工作的总体评价（例如，对一部小说或一次试验的评价）就需要使用扩展性反应论述题。正是在这种层次上，论述题可以发挥其独特的作用。

2. 试题应紧扣被测量的学习效果。论述题只有经过仔细地设计才能测量出复杂的学习效果。每个问题应该是为了测量某一个或更多明确界定的学习效果而专门设计的。所以，和客观题一样，在开始时必须精确描述将要被测评的实作任务。这将有助于决定题目的内容和形式，也有助于阐明问题。

对有条理的题目而言，限制性反应论述题易于紧扣特定的学习效果。预期的答案可以使测试者对题目进行措词时更清楚地将意图传达给学生。可是，扩展性反应论述题却需要给学生更大的回答自由度，一般还会涉及多种学习效果。这就使得问题很难紧扣预期的学习效果，而且想要通过对问题的表述让学生清楚所期望的答案也变得困难。如果题目中对任务的规定太死板，又限制了学生选择、组织和作答的自由。一种实际的解决方式是让学生知道评价答案的标准。例如，可以加括号补充说明："我们将从以下几个角度对答案进行评价：答案的全面性、答案与论点的相关性、举出的事例的恰当性以及组织答案的技巧性。"这就在不限制学生自由的前提下使任务更明确，使题目更易于紧扣明确界定的学习效果。

3. 编写问题时，让学生清楚他们将要完成什么样的任务。编写出可以得到期望的答案的论述题不是件容易的事。选择准确的术语，仔细措词，并在大脑中再次推敲如何表述问题，使其能够得到期望的回答，这些都有助于让学生明确任务。由于论述题是测量复杂的学习效果的一种方式，因此应避免开始提问时使用"谁"、"什么"、"什么时候"、"在哪里"、"列举"和"列出"之类的词。这些术语将学生的回答限制在了知识性的学习效果上。测评复杂的成就应更多地使用以下这些词语："为什么"、"描述"、"解释"、"比较"、"联系"、"对比"、"说明"、"阐释"、"分析"、"批判"、"评价"。具体使用什么样的术语很大程度上取决于将要被测量的学习效果规定的具体表现（参见表 6-2）。

表 6-2 复杂学习效果的类型和编写论述题的相关术语

结果	术语样本
比较	比较 分类 描述 区分 解释 概括 总结
解释	转化 描绘 评估 举例说明 解释 重述 总结 翻译
推论	派生 描绘 评估 扩展 推算 预测 建议 联系
应用	排列 计算 描述 演示 举例说明 重组 联系 总结
分析	分类 描述 图解 区别 划分 列举 概括 分离
创造	组合 设计 发明 描绘 构想 创造 提出 建议
综合	整理 合并 构建 设计 重排 重组 联系 撰写
概括	构建 发展 解释 构想 生成 制作 建议 陈述
评价	评定 评论 辩论 描述 评价 解释 判断 撰写

检查论述题的表述是否合理，最好的方式就是编写标准答案，或者至少在大脑里构思答案。这有助于测试者发现题目中表达模糊的地方，也有助于确定学生给出满意的答案所需的时间，并对回答问题所要求的思维过程有个大概的了解。这种做法最适合用于限制性反应论述题，因为限制性反应论述题的答案有更多的限制因素，而且有更严格的规定。对于扩展性反应论述题，也有必要请一个或多个同事阅读题目，以确认预期答案的形式和范围是否清楚。

4. 不允许选择问题，除非学习效果要求这样做。在大多数成绩考试中，最好让所有的学生都回答相同的问题。如果允许学生选择一部分问题进行回答（如五选三），那么对答案评价就不具备可比性。同时，由于学生都倾向于选择作答他们准备得较好的题，这样得出的成绩没有不给学生选择问题时得出的成绩那么具有代表性。正如前面所述，论述题的一个主要局限性就是采样内容有限，而且不具代表性。让学生选择问题作答，只会使采样问题进一步复杂化，引起测验结果更大的偏差。

在有的情况下，使用选择作答的方式是行得通的。例如，如果只是为了测量写作技能，让学生选择话题是可取的。也可能是这样的情况，就是论述题只是用来测量学生的创造性，或者测量学生因为兴趣爱好而进行自学的内容。然而，即使是这些特殊情况，使用选择作答的方式仍然需非常小心。对学生组织、综合和表达观点的能力的判断部分是取决于所涉及内容的复杂性。因此，采用选择作答时，可能会出现一些不确定的不利因素。

5. 提供充足的作答时间，每道题目必须有时间限制。论述题大多用来测量智力技能和能力，必须给学生思考和书写的时间。因此，应提供充足的时间。例如，与其让学生在一堂课的时间内答完几个论述题，不如让他们集中回答一个或两个论述题。教师似乎都有这种倾向，就是在一次测验中出许多个问题，获得高分的往往是写作速度快的学生，而不是对学习内容掌握得好的学生。这么做可能是想克服采样有限的问题，但这不是理想的解决问题的办法。在测量复杂的成就时，最好使用相对少的题量，通过多次测验来解决采样有限的问题。

告诉学生每道题目花多少时间合适，这有利于他们更有效地使用时间；也可以让他们更充分展示其成就。对于扩展性反应论述题，如果题目没有清楚地限定答案的长度，那么说明页数限制是有必要的。在不影响测量预期学习效果的情况下，任何可以表述清楚任务的形式和范围的做法都将有助于提高测量结果的效度。

论述题评分规则

前面已经注意到，论述题的一个主要的局限性就是评分的主观性。那就是说，评分者的感情很有可能影响对答案的评价。评分者可能会对答题人、内容的某些方面、写作风格、或者对诸如书写、拼写、语法等某些没有直接联系的细节中存在的缺点持有个人的偏见。当然，这些偏见使成绩测量结果出现偏差，降低了考试的信度。

以下这些规则旨在降低评分的主观性，尽可能为评分提供一个统一的标准。在按设计规则合理命题的情况下，这些规则将会非常有效。

1. 根据要测量的学习效果来评价论述题的答案。和客观测验一样，主观测验是用来检测学生的学习多大程度上达到了界定明确的预期的学习效果。因此，应该以这些学习效果中明确规定的学生必须完成的实作任务为指导来设计问题和评价答案。例如，如果一个问题是设计来测量“解释因果关系的能力”，那么对答案的评价应根据学生是否充分解释了在问题中体现出来的特殊因果关系。所有其他的因素，如有趣但与问题无直接联系的事实、写作风格、拼写和语法错误（在允许范围内）在评价中应该忽略不计。有时，拼写和写作能力可以单独给分，但当反映达到预期学习效果的情况时，这些因素不应该影响评分。

2. 用逐点计分法，使用标准答案作指导，对限制性反应论述题进行评分。由于对答案有限制，可以用事先准备的评分标准对限制性反应论述题进行评分。评分步骤是给出每一个问题的标准答案，然后确定每道题的分数以及答案各部分的分值。当然，分数的分布必须考虑被测量学习效果中有明确指示的可以得分的知识点。例如，使用相关的事例可以得分、回答组织得好可以得分、回答的内容恰当可以得分，条件是这些必须是学习效果要求掌握的内容。如前面指出的，测验的时候就要让学生清楚地知道评价答案的依据是什么(如内容、组织等)。

3. 用等级评定的方法，使用明确的质量准则作指导，给扩展性反应论述题的答案评定等级。由于扩展性反应论述题回答自由度大，事先设计标准答案不大可能。因此，测试者通常是根据事先确定的一套质量准则来判断答案的质量，然后给答案评定等级，而不是按照评分标准来逐点计算得分。判别回答质量好坏的质量准则是由问题本身和需要测量的学习效果决定的。例如，如果要求学生"描述准备一次成绩考试的完备计划"，质量准则将包括以下内容：(1) 计划的完整性(例如，是否包括对测验目标的表述、说明，题型是否恰当)；(2) 对实施步骤描述的清晰性、准确性；(3) 实施步骤的合理性；(4) 对计划各部分安排的合理程度。

一般来说，评价答案的标准可用于建立五种质量等级。那么评阅一个问题的答案时，可以用字母级别或从 1～5 的数字来标示阅卷人的评判。可以根据总体回答的好坏确定等级，或者根据每项质量标准作出单项评价。后一种做法可以为诊断、改善学生的学习提供最有用的信息，应该尽可能地使用这种方法。

阅卷人对学生的答案进行两次评阅可以让评定等级的标准更加统一。第一次评阅时，可以试着把答案分为五摞，按质量的高低依次排列。第二次评阅的目的是检查每摞里的答案是否处于同一水平，如果有必要的话，进行调整。注意学生想蒙骗过关的情况(参见专栏 6-4)。

专栏 6-4 学生的"蒙骗"和论述题的评分

学生可能会通过他们巧妙的蒙骗手段在论述题上获得高分。尽管这也需要一些写作方面的技巧和对这个话题的了解，但这里是不应该给分的，除非他们具体地回答了问题。以下列出的是一些常见的蒙骗手段：

1. 学生用陈述形式重复题目(稍微对题目释义)并指出该论题有多么的重要(例如，测评在教学中的作用是极其重要的；很难想象有效的教学没有测评会是什么样子，等等)。

2. 学生写一个比较熟悉的话题，用它来套这个题目(例如，学生很了解测试，但对实作测评却知道的不多，如果题目要求比较测试和实作测评，学生可能非常详细地描述测试，并且时常提到对于测试想要测量的这种学习类型，实作测评比测试更具优越性)。

3. 学生在答案中大量地使用基本概念，不管他们理不理解(例如，要求写出测评技巧，学生就会频繁地提及"效度"和"信度"的重要性)。

续

4. 只要有可能，学生就会写上教师的基本信条（例如，在构建和选择这种测试类型之前，就应该依照学生的表现表述预期的学习效果）。

在没有制定周密的评分计划的情况下，蒙骗手段是非常有效的。

4. 评价完所有学生对一个问题作出的答案之后再进入下一个问题。论述题考试，评分或者评定等级时要一个问题一个问题地评，而不是一个学生一个学生地评。这样可以保证统一的答案的评判标准。这种做法也有助于防止评分时的**"晕轮效应"**(halo effect)。当阅卷人逐一评判一份试卷上的问题时，他对这份试卷的总体印象比较容易影响他对个别答案的评分。按题评分可以防止对学生的试卷形成总体印象。将一个学生的答案同其他学生的答案比较着进行评判，比起将同一个学生对不同问题的答案比较着进行评判，更容易以答案本身的好坏来作出评价。

5. 要在不知道答题者身份的情况下评价论述题的答案。这是另一种在评分中控制个人偏见的方式。对论述题答案的评价应该根据所写的内容，而不是根据通过其他接触产生的对答题者的了解。防止对答题者事先的了解造成评价有偏见的最好方式是在不知道答题者身份的情况下来评价每个答案。要解决这个问题，可以让学生把名字写在试卷背面，或者用代码代替名字。

6. 在可能的情况下，让两个或更多的人来给每个答案评定等级。检查论述题评分的可信度最好办法是有两个或更多独立的评价。虽然这在一般的课堂测验中不太可行，但可以在同行的帮助下（在这个领域能力相当的人）定期来做。当评价结果被用于作重要决定或不可更改的决定时，比如为升学或某种特殊奖项选拔学生时，有两个或更多独立的评价尤为重要。这时，可能需要召集几个能够胜任该评价任务的人进行评价，才能得到与所作决定在重要性方面相称的可信度（参见专栏 6－5 关于论述题评价检核表）。

专栏 6－5　论述题评价检核表

1. 这种题型是否适合测量预期的学习效果？
2. 题目规定的任务与要测量的学习任务是否一致？
3. 问题是否用来测量复杂的学习效果？
4. 问题是否让学生明白了测量的内容是什么以及如何评价答案？
5. 使用的术语是否明确了任务，是否对任务有所限制（例如，用"描述"而不是"讨论"）？
6. 是否要求所有的学生都回答相同的问题？
7. 每道题的答题时间是否充足，是否说明了时间限制？
8. 评分是否作了足够的准备（例如，是否有标准答案或评分质量标准）？

要点小结

1. 当写出答案是检验学习效果的重要组成部分时就使用问答题(例如，给术语下定义，而不是识别术语的含义)。

2. 问答题包括简答题、限制性反应论述题和扩展性反应论述题。

3. 简答题的回答可以是一个字、一个数字、符号或简洁的短语。

4. 简答题主要限于测量简单的知识性学习效果。

5. 每道简答题的编写都应该认真仔细，以确保每个问题只有一个可能的答案。在题目后面留出回答的空间，避免出现与回答问题无关的提示。

6. 在给简答题评分时，给回答正确的答案评分和给拼写评分分开进行。

7. 论述题对于测量学生的组织、综合和表达观点的能力非常有用。

8. 论述题不适合用来测量知识性学习效果，因为论述题的采样有限，而且容易受一些无关因素(例如，写作技巧、蒙骗手段、语法、拼写、书写)的影响，评分主观性强，可靠性低。

9. 限制性反应论述题更易于编写和评分，但是由于对学生回答的限制，对于测量较高水平的学习效果，限制性反应论述题不是太有效(例如，综合各种材料的能力)。

10. 扩展性反应论述题以一种非常合适的方式提供了学生选择、组织和表达观点的自由。因此，它们尤其适合用于测量学生在这些层面的学习效果。

11. 编写论述题时应该注意，论述题要用来测量复杂的学习效果，题目中的任务应该表述清楚，限制条件只是为了引导出预想的答案，同时为合理评分作好准备。

12. 论述题评分可以采用以下几种方法：注重预想的答案，评分时使用标准答案或质量标准作为指南，逐题评分，忽视答题者的身份。同时注意学生的蒙骗手段。如果要根据评分结果作出重要决定，应该综合两个或多个能力相当的评价者的评分。

本章将使读者能：

1. 描述实作测评与笔试的差异。
2. 认识实作测评的优点和局限性。
3. 为实作测评写出预期的实作结果。
4. 区别限定性的实作测评与延展性的实作测评。
5. 描述完成实作测评的一般步骤。
6. 为实作测评任务的准备、观察、记录和测评工作作计划。
7. 制作一个内容陈述详尽、内容与实作任务相关且易于使用的检核表。
8. 制作一个内容陈述详尽、内容与实作任务相关且易于使用的评定量表。
9. 制作一个用于测评部分实作结果的整体性评分指标。

第七章 传统的技能与技能发展水平实作测评

笔试可以测试许多种简单及复杂的学习任务。然而，单凭笔试无法有效测量实作技能时，就得借助**实作测评**(performance assessment)。实作结果在许多类型的课程中都是至关重要的。例如，自然科学课程就注重实验技能，外语课程(英语)就注重交际技巧，数学课程就注重解题的各种技巧，社会研究就注重诸如绘制地图和曲线图等技能。此外，在艺术和音乐、工业、商业、农业、家政学及体育课程中也非常强调技能的学习效果。

因此，在大多数教育领域中，实作测评成为了笔试的有益补充。虽然，笔试可以让我们了解学生在某种特定情况下是否知道该怎么办，但是测评学生真实的实作技能还需要更直接的测评方式。

本章重点讲述更传统的、结构性更强的实作技能及成果的测评(关于对其优点和局限性的介绍，可参见专栏 7-1 技能与技能成果的实作测评)。下一章将着重介绍如何测量条理性不太强的任务。这些任务涉及如何整合技能和观点，如何运用推理能力解决现实生活中的问题。

专栏 7-1 技能与技能成果的实作测评

优点

1. 可以测评传统笔试不能测评的复杂学习效果与技能。
2. 为某些推理技能、口头表达技能和身体技能的测评提供一种更自然、更直接、更完善的方式。
3. 通过阐明学习目标激发学生的学习动机，使学习更有意义。
4. 鼓励学生把所学到的知识运用到现实生活中。

局限性

1. 使用实作测评需要花费大量的时间和精力。
2. 对实作测评的评判和打分带有主观性，程序繁琐，而且主要是可信度不高。
3. 实作测评常常单个进行，而非群体进行。

实作技能的要素

虽然这一章的重点是实作技能的测评，但是关注成功的实作包含的几个典型的构成要素也是很重要的，而且这些要素是在测评前和测评过程中所必须考虑的因素（参见图 7-1）。

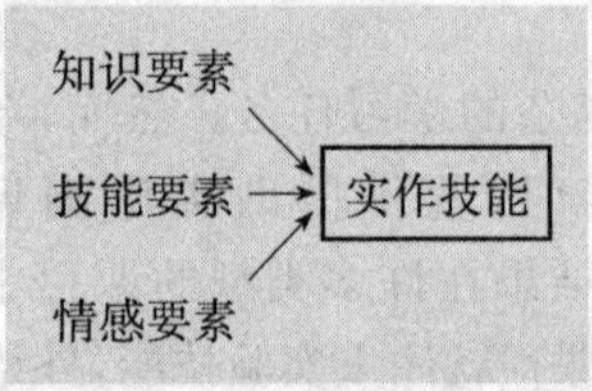

图 7-1 实作技能的构成要素

比如说，在测评写作技能时，我们既会关注词汇、语法和一篇高质量文章所需具备的类似的基本要素，也会关注创作出好的作品所不可缺少的兴趣和态度问题。在测评实验技能时，我们既会关注学生对设备的名称、设备的使用方法和操作程序的了解程度，同时也会考虑学生在使用设备和进行精确测量的过程中是否具备了谨慎的态度。知识要素的测量可以通过考试，而考试可以安排在技能测试之前或者成为技能测试的一部分。情感要素也被特别地归入技能测评的内容（例如，以谨慎的方式操作设备，并且在操作机器时注意遵守所有的安全预防措施）。在任何情况下，在计划进行实作测评时，都必须考虑实作的所有要素。

制定实作测评的目标

在教育策划的过程中，应该同时制定实作测评目标，因为这些实作测评目标是为测量学习效果作准备的。接下来是相同的两个步骤：首先是表述总体目标；然后用一个具体的学习效果列表来详细说明总体目标。下面是对一个单元的测试所做的目标列表：

1. 为成绩考试设计一个考试内容规范表。

   1.1 写清楚需要进行测量的考试范围。

   1.2 依照学生的表现来表述预期的学习效果。

   1.3 列出测验所涉及的知识范围。

1.4 制定一个双向考试内容规范表，在表中说明覆盖学习效果和学习内容的题量。

1.5 用需要进行测量的考试范围检核制定好的考试内容规范表，以确保考试测量了期望达到的学业成就中的样本。

这样的表述阐明了考试内容规范表的内容，最后的成果像什么样。评价可以直接使用表述中的句子，而且可以给表述中的各项制定一个评定量表，或者针对每个领域制定更多具体的标准(例如，全面描述考试范围，清楚地表述所期望达到的学习效果)。无论是哪种情况，实作测评目标都通过强调测量内容为实作测评作好了准备(参见专栏7-2)。

专栏7-2 制定实作技能与成果的实作目标

1. 表述每一个总体目标，以便清楚地说明将要被测评的技能或成果。
2. 列出每个目标具体的实作结果，这个结果必须符合成功实作的标准或者是一个令人满意的成果。
3. 列举出充足的具体实作结果，以表明什么可以定义为有效实作。
4. 从技能或成果可观察的维度来表述具体的实作结果。
5. 表述具体的实作结果，以便学生对此有清楚的了解。

限制性的实作任务和延展性的实作任务

实作任务也许会被限制到某个具体和有限的技能(例如，测量空气湿度)中；也会被延展为某种综合性的，涉及多种具体技能的实作(例如，预测天气情况)。虽然这种一分为二的方法有些武断，可是在设计实作测评中却很有用。有时，在还没有把一些具体的技能合并成一个更复杂的技能之前，有必要先评价这些具体的技能。有时，通过**限制性的实作任务**(restricted performance tasks)来诊断在实作一个复杂的任务时有可能出现的问题，也是很有必要的。比如，有的学生对实验操作的整个过程感到困难，那么就用限制性的测评，如测量技能的测评可能会对他们有好处；有的学生觉得制作一个木制品或金属制品有难度，他们可能需要限制性的测评，如怎样使用某种工具。虽然我们主要关注的是整个实作过程，但是测评这个完整的任务所包含的各个方面能够为改进整个实作过程提供指导。这里还有一个关于怎样把教学工作与测评工作相结合来改进学生学习的例子。

正如下面的这个例子所示，限制性的实作任务的一个特点就是在操作范围上受到了严格约束和限制。

例题

用一页纸写一篇描述一次实地考察的报道。

就一个指定的话题作一分钟的演讲。

大声地朗读诗歌节选。

根据所给数据画一个图表。

演示怎样使用测量仪器。

缩小任务的范围以后，观察操作和评价操作会更容易些。然而，我们也必须承认，这一系列的限制性的任务并不足以表明可以进行综合实作。为此，我们需要的是一种延展性的任务，它可以将一些具体的技能整合成一个复杂的动作模式，或是整合成一个高质量的成品。

延展性的实作任务(extended performance tasks)主要表现出结构不严密和范围较广的特征，如下面所举的例子所示：

例题

设计并指导一次实验。

设计并制作一个木制品或金属制品。

编写一个小故事。

修理一个出了故障的发动机。

画一幅画。

表演舞蹈或演奏乐器。

延展性的实作测评，主要是在选择和执行动作任务方面，给予了学生更大的自由，并为他们提供了更多的自我测评与自我进步的机会。当与教师一起探讨实作过程和成果时，应该既要关注实作的质量，也要关注学生独立学习技能的培养。

准备实作测评的步骤

实作测评的有效性在很大程度上取决于是否使用的是一套系统的测评方法。下面这几个步骤概述了在进行实作测评时应考虑的几个重要因素：

1. 说明实作的结果。
2. 选择测评的重点(如过程、成果或是二者均有)。
3. 选择恰当的真实度。
4. 选择完成实作的场景。
5. 选择观察、记录和评分的方法。

下面将会对以上每一个步骤依次进行描述。

说明实作的结果

如果对所期望达到的学习效果事先进行了详细的说明，那么我们就只需要选择需要测评的项目了。如果无法获取实作结果，那么这些结果就应该被重新确认和进行界定。在规定实作结果的表述中，通常使用诸如“确认”、“构建”和“演示”等类似的动词。有关这类动词的简要描述和规定实作结果的解说性目标可参见表 7-1。

说明实作结果主要包括工作或任务的分析，以确认哪些是实作中具体的最关键的因素。正因为我们不可能关注到所有包含在一个特定实作中的所有步骤，所以获取其中最重要的以形成一个具有代表性的样本是很有必要的。下面是几组有关对限制性实作测评的真实实作任务的阐释。

表7-1　表述限制性实作结果的典型的行为动词和范例性的教学目标

行为动词	范例性的教学目标
辨别 选择正确的对象，对象的一部分，程序或属性（典型动词有：辨别、查找、选择、触摸、筛选、标记、描述）	选择恰当的工具 辨认打字机的各个部件 选择正确的实验器材 选择最恰当的统计程序 查出汽车出故障的原因 分辨一段乐曲 选出所需实验装置 在显微镜下鉴别标本
构建 按照所给的详细说明制作一个成品（典型动词有：构建、装配、建造、设计、绘制、制作、准备）	绘制一张电路图 设计一套衣服的款式 为进行实验研究组装一套设备 绘制一张圆形图 构建一张气象图 进行一次实验设计
演示 进行操作或过程演示（典型动词有：演示、驾驶、测量、操作、表演、修理、安装）	驾驶汽车 测量液体的体积 操作幻灯片的放映机 表演现代舞的舞步 修理一台出故障的电视机 组装实验室的设备 演示为病人量体温的过程 演示调试汽车的过程

例题

展示口头报告的技能

1. 以自然大方的姿态站立。
2. 保持与观众较好的视觉交流。
3. 面部表情恰当。
4. 有效地使用手势。
5. 表达清楚并且音量适中。
6. 以恰当的语速进行演讲。

7. 展现出严谨的思路。

8. 使用恰当的语言。

9. 能维持观众对话题的兴趣。

例题

修理一辆出了故障的汽车

1. 明确故障的属性。
2. 查找出导致出故障的部位。
3. 有选择地进行测量。
4. 按照正确的顺序进行测量。
5. 找出导致故障的零件。
6. 替换故障零件或对此零件进行修理。
7. 有序地将零件进行拆除或替换。
8. 用恰当的修理工具,并按照正确的操作方法进行操作。
9. 在整个修理过程中,遵守安全预防措施。

在某些情况下,完成实作任务的顺序不太重要,如第一个例子所示。但在其他一些实作测评中,实作步骤的顺序提供的是一套可供遵循的、系统化的操作方法。在这种情况下,按操作顺序完成任务将会使观察和记录实作更为容易,并且能够记录下实作过程中所犯的错误,如第二个例子所示。

延展性的实作结果一般包括多个教学目标,而且在设计学习时,把所有的教学目标都考虑在内是非常重要的。比如,一个研究项目,有可能会包括如下这些期望达到的学习效果:

设计并实作一项实验。

准确叙述研究过程。

陈述有效的研究结论。

就整个研究过程和研究发现写一篇评论。

在班级里,就此项研究进行展示和答辩。

以上这些实作结果将需要用更加具体的词语来进行界定,正如前面所述的两个例子一样:先陈述总体目标,然后再将总体目标进行详细地说明,以提供一套有用的操作程序。在定义每一项主要的实作结果时,把其中一些实作结果一分为二的做法是可取的(例如,设计一项实验、实作一项实验)。当然,在有些情况下,一些实作结果也有被合二为一的可能。例如,"陈述有效的研究结论"可以包括在"准确陈述研究过程"里面。但不论是哪种情况,最后所列举出来的实作结果都应该能够和所期望达到的学习效果相吻合。其中,对每一个结果都加以详尽地描述:学生怎样做可以展示其学业成果。关于怎样更加详细地描述预期的学习效果,以及怎样依照学生的表现来界定,可以参见格朗伦德(Gronlund,2000)的观点。

选择测评的重点

实作测评可以关注实作过程、实作成果，或者二者兼有。实作本身的特性常常会提示哪个部分需要特别的关注，但有时也还会有其他要考虑的因素。

测评实作过程

那些不产生成果的实作（如演讲、大声朗读、身体技能、音乐演奏）需要对实作的整个过程进行测评。

在许多情况下，实作的过程和成果都很重要。例如，测评要找出一台电视机出故障的原因并排除故障的技能，除了把电视机修好，还需要遵循一套系统化的程序（而不是使用反复试验的方法）。多数情况下，在学习的早期会比较强调实作步骤和程序，在掌握了实作步骤和程序之后再强调结果。比如，测评打字技能时，在教授打字技能之初就应该测评正确使用"触摸系统"这一技能，然后再着重测评打字的整洁度和准确性，以及打字的速度。同样的，在诸如烹饪、木工、绘画等领域，学习初期应该强调正确的操作程序，然后再来强调其结果的质量。当然，过程测评也可以在教学的后期使用，使用的目的是为了查明在操作过程中出现的错误，并以此来说明产出次品的原因。

一般来说，当遇到下面的情况时，实作测评应该注重过程：

1. 没有成果或是对实作成果的评价不可行（例如，无法测评或测评的花费较高）。
2. 实作步骤是有序的而且是可直接观察的。
3. 正确的操作步骤是后续成功的关键。
4. 分析动作的步骤可以帮助改进成果的质量。

测评实作成果

在一些实作领域，关注的焦点是成果，而不太或不关注步骤（或过程）。例如，在评价学生的作文、图画或昆虫标本的展示情况时，老师就不可能去测评学生的创作过程，这可能是因为不同的操作步骤都能产生出相同质量的成果，或是成果是在家里完成的，整个操作过程老师是无法观察到的。在一些课堂教学中，有的活动也是无法观测的，因为它们主要是心理过程（例如，数学中的推理）。然而，有一些思维过程中所涉及的要素可以通过让学生"口述"的办法，或是用口头提问的方式来获得，但重点还是在测评成果上。成品的质量高低主要取决于为此特别制定的具体的标准。

当过程和成果二者均可以观察时，测评的重点将放在被测评的实作技能和技能培养阶段上。然而，当实作的步骤已被熟练掌握时，成果测评就会更受欢迎，这主要是因为评价成果可以为测评提供更客观的评判基础，而且成果评价可以在方便的时间里进行。如果有必要，还可以对评判的结果进行复审。

当遇到下面的情况时，实作测评应该强调成果：

1. 当不同的步骤可以产生同样好的成果时（例如，写某一个主题）。
2. 当观察不到操作步骤的时候（例如，家庭作业）。
3. 当操作步骤已经被掌握的前提下。
4. 成果可以被清楚地验证和评判。

选择恰当的真实度

在教学情境中，实作测评一般处于传统笔试和真实环境下的实作之间。虽然我们不能期望复制出可供给学生今后运用所学知识的真实环境，但是我们可以尽可能地使用实作测评这种很接近现实的测评方式。可是，接下来又有另一个需要在实作测评中考虑的问题，那就是我们能够将多少真实度融入我们的测评中呢？当然是越多越好了！但是真实性却只是一个度的问题。

在实作测评中，所呈现出来的不同程度的真实性，可以通过下面这个简单的例子加以说明，即将学生所学的计算技能运用于解决商店购物的实际情境中，在这个实际的问题中，学生能够正确地计算出找零的数目（Fitzpatrick and Morrison，1997）。模拟的情境可以是模拟解决商店购物问题（真实性较低），也可以就是在一个真实的商店情境中来解决购物问题（真实性较高）。如图 7－2 所示：为测量实作表现而设计的几个问题情境。应该指出的是，尽管解决的是一个真实性相对较低的问题，但已经是在很大程度上模拟了标准的真实情境了，这比简单地让学生计算 100 减 69 等于多少好多了。因此，尽管使用的是笔试的形式，在测评实作结果时，把真实性增加到让测试结果具有实用价值的程度还是有可能的。

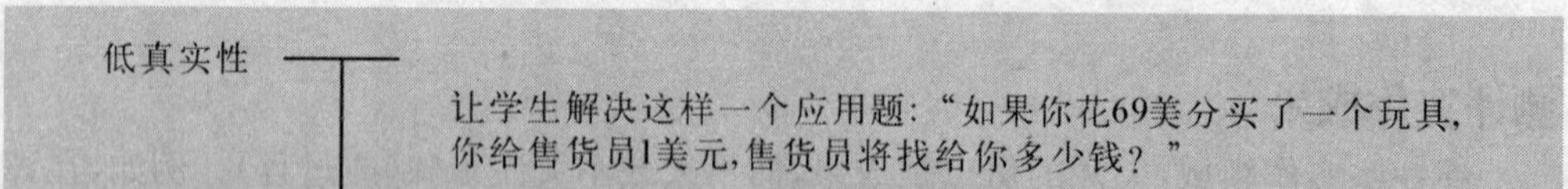

图 7－2　测量在不同的真实度下，学生在商店购物时能否准确算出找零数目的能力

为一个特定情境所选择的真实程度之大小取决于许多因素。第一,必须考虑教学目标的性质。在笔试中或其他真实度低的测评中,能够令人满意的"纸上谈兵"很可能就是教学所期望达到的目标。初级课程通常就是这种情况,继初级课程之后的高级课程则强调运用技能。第二,某一门特定课程的教学顺序也许带有这样的含义:在"实际"操作之前,先用笔试来衡量运用情况是可取的。例如,可以在实际修理一台真实的设备之前,先在机械图上找到出故障的原因。第三,由于受许多实际因素的影响,如时间、经费、设备的供应,以及在管理和评分中遇到的困难,可得到的真实度可能会受到限制。第四,在一个测试情境中,测试问题本身就可能会限制其真实度。例如,当测试中考察到急救技能的时候,将急救的一些技能运用到真正的受伤病人、骨折病人或有其他病状的病人身上,来作真实性的测评就不太可能(也不可取)。因此,虽然我们努力去达到实作结果所要求的高真实性,但是在准备实作测评的时候作出妥协也还是必需的。

选择完成实作的场景

实作测评可以根据实作的场景或情境来进行划分。根据在实作场景中实作表现的真实度,可作如下类型的划分:(1)笔试实作;(2)鉴别测试;(3)有条理的实作测试;(4)模拟实作;(5)实作任务样本;(6)延展性的研究项目。虽然,从某种程度上看,这些分类有交叉的地方。但是,它们在描述和说明实作测评中使用的多种方法却很有用。

笔试实作

笔试实作,因为更强调在模拟情境中对知识和技能的运用,而使其与传统的笔试有所不同。笔头上的运用能够测量到一个时期所期望的学习效果,或者说它们是向具有更高真实度的实作(例如,使用真正的设备)的一个过渡。

在大量的例子中,笔试实作能够提供具有教育意义的学习成果。例如,一门学习命题的课程,可能会要求学生做如下活动:

为一个教学单元,制定一套考试内容规范。

根据考试内容规范命题。

制定一张检核表来评价成绩考试。

构建(construct)这个动词经常在笔试实作中使用。例如,让学生构建气象图、条形图、电路图、建筑平面图、设计一套衣服、作一首诗,编一个小故事或是设计一次实验。在这些例子中,笔试实作的成果是知识和技能的结合,它本身就是一种很有价值的测评方法。

在其他的例子中,实作笔试只是简单地为实际操作提供了第一步的指导。比如,在使用诸如测微仪这样的特殊测量仪器时，可以先让学生读取图片上的各个刻度。虽然，正确读取刻度的能力不是进行精确测量的充分条件，但是它是必要的条件。在这个例子中，采用笔试实作较合适，因为它是一种能够便捷地对一群学生进行测评的方法。将笔试实作作为实际操作之前的一个步骤得到大家的认同。例如，如果实作的行为很复杂，并且设备也很昂贵，在试卷上展示完成此项实作的全过程，可以避免一些意外的发生或是设备的损坏。在医学中尤其是这样，通过为假定的病人诊断病情和开处方来锻炼医术，就可以避免以后对真实病人造成伤害。

鉴别测试

鉴别测试包括各种各样真实度各异的测试情况。有时，测试只是让学生简单地鉴别一种工具或是一种设备，并要求说出其功能；在一些更复杂的测试中可能给学生某个特定的实作任务（例如，找出电路中短路的部分），并且还要让学生指出所用工具、设备和明确实作过程中必须遵循的步骤；更为复杂的鉴别测试可能会需要聆听出故障的机器运作时所发出的声音，并且通过声音找出最可能的导致故障的原因。

虽然鉴别测试被广泛地运用于工业教育中，但是并非局限在这个领域内。生物老师会让学生鉴别陈列在标本室里不同位置的动植物标本，或是弄清楚用来做某一个特定实验的设备及实验程序。同样的，学化学的学生很可能需要去鉴别某些“不知道”的化学物质，学外语的学生需要辨别什么样的发音才是正确的发音，学数学的学生需要确认正确的解题方法，学英语的学生需要分辨出写作中的“最佳表述”方式，学习社会学的学生需要在小组分角色扮演时能够辨认出不同的领导角色。当然，在艺术、音乐、体育、还有职业课程领域内，例如，农业、商业教育和家政学教育中，能鉴别出准确的操作程序，也是非常重要的。

有时，鉴别测试也可以作为间接测量一些实作技能的手段。比如说，一个经验丰富的管道工和一个没有经验的管道工相比，前者所具有的对工具和设备等相关知识要丰富得多。因此，在对一群应聘管道工职位的应聘者进行测试时，对某一种工具的鉴别经常被用于淘汰那些技能不娴熟的应聘者。在真实或模拟的场境中，鉴别测试更多地被用做一种教学手段来教授给学生在真实或模拟情境中的实作技能。

有条理性的实作测试

有条理性的实作测试指标准的、完全可以在控制的条件下进行的测试。可能包括以下的一些测试：规定的测量，调整显微镜，启动机器时遵循安全的操作程序，或是找出一台电器出故障的地方等。这种测试结构严密，要求所有人都必须完成同一组实作任务。

构建一个有条理性的实作测试的方法与构建其他类型的成绩考试的方法有几分

相似之处，但它还包括更多的复杂因素。要想能够完全控制测试环境使其规范化几乎是不可能的，通常准备和管理测试花费的时间较多，而且很难评分。为了使测试标准化，应该使用一些说明性的语言来描述测试环境，描述所需测试的实作，以及实作的条件。例如，查找电器出故障的原因就应主要包括以下几点说明：

1. 测试的性质与目的。
2. 提供的设备与工具。
3. 测试程序：
   a. 设备的类型和条件。
   b. 正确的操作描述。
   c. 时间限制和其他的条件。
4. 评判实作的方法。

当使用实作测试时，有必要设定实作的标准，以说明可以接受的最低水平的实作。这些实作的标准，可能会与精确度有关（例如，测量的温度值精确到 0.2 度），与正确的实作程序有关（例如，按照正确的实作步骤来调整显微镜），与需要遵循的总体规则有关（例如，在启动机器之前，先检查一遍所有的操作规则），或是与操作的速度有关（例如，在三分钟内找出电器出故障的原因）。一些评判实作常见的**标准**（standard）如专栏 7 - 3 所示。

专栏 7 - 3 用于评判实作的常见标准

类　型	举　　例
速　度	2 分钟解答 10 道加法计算题。 每分钟打 40 个字。
错误率	每页打印纸不超过 2 个错误。 用西班牙语准确无误地数到 20。
时　间	5 分钟内组装起一台实验设备。 3 分钟内找到设备出故障的原因。
精确度	测量一条直线的长度，计量单位精确到 1/8 英寸（1 英寸＝2.54 厘米）以内。 读取温度计的刻度精确到 0.2 度以内。
数　量	完成 20 个实验。 找到 15 个相关的指示。
质量（等级）	写一篇整洁且页面美观的商业信件。 表演正确的跳水姿势。
正确的百分比	能解答 85%的数学问题。 拼写单词表中的单词，正确率达到 90%。

续

类　型	举　　例
要求的步骤	在五个操作步骤中诊断出发动机失灵的原因。 运用正确的操作步骤查找出电脑哪里出了毛病。
使用的材料	建一个书橱，材料耗损率不超过10%。 裁剪一套衣服的图样，废料不超过10%。
安全性	在操作机器之前，需检查所有的防御装置。 在不违反任何安全规则的前提下驾车。

当然，实作标准经常被组合起来使用。一个特定的实作可能会在其完成的准确度和速度上有所要求。那么，每一项标准占多少的权重主要取决于受教育的阶段和实作本身的性质。比如，在测评运用于实验室的测量技能时，在教授测量技能的早期，需要多强调正确的操作步骤和精确度，而在技能学习的后期才需要去关注实作的速度。特定的情境也会影响测量的侧重点。例如，在测评打字技能时，如果打的是一些常规的商业信函，就应强调打字的速度，然而当打字的内容是经济报告中的统计表时，强调的则应该是打字的精确度。

模拟实作

模拟实作是在完全或部分真实情境中尝试实作。例如，在体育课上，挥动球棒击打一个虚拟的小球，影子拳击，演示游泳或网球的各种动作，这些都是实作的模拟。在自然科学课程、职业课程和商业课程中，人们常常设计一些技能性的活动来模拟一项真实的实际操作任务的部分内容。在数学教学中，使用电脑解决类似实际生活中的问题也是一个模拟实作的例子。在社会学课程中也是一样，学生通过扮演不同的角色表演陪审团审判、市镇会议或求职面试，这样教师就能够对所布置任务的模拟实作作出评价。在某些情况下，特别设计的装置会用于教学和测评。比如说，在驾驶培训和飞行培训中，常常是用模拟装置来训练和测试学生的。这些模拟装置能在技能形成的早期，防止人身伤害以及对昂贵设备的损害。各种类型的职业培训课程中也使用模拟装置。

在有些情况下，模拟实作测试可以作为实作技能的最终测评。比如，在化学课上，测评学生的实验室实际操作就属于这种情况。然而，在大多数情况下，模拟情境下的技能表现只是对尝试进行真实操作前的准备。举个例子，一个接受过驾驶培训的学生已经在模拟汽车上展示了驾驶技能，但这也仅只说明他准备好了运用所学的技能驾驶一辆真正的汽车。

实作任务样本

实作任务样本要求学生做的实际任务，能够代表所测试的实作能力的总体水平。这个任务样本一般包括整个实作过程中最关键的部分，而且需要在限定的条件下完成。比如，在对驾驶技能的测试中，要求学生驾车行驶过一段规定的路程，这段路上学生会遇到正常驾驶中常见的问题。学生在这段路上的实作可被用做是在特定条件下汽车驾驶能力的证明。

在商业课程和工业课程中，也常常使用实作任务样本这一类型的实作测评。当要求学生在听讲中进行速记、打印一封商业信件、或是运用电脑分析商业资料时，就会采用任务样本测评。同样的，在工业课程中也会采用任务样本测评法来测评学生完成金属加工设计或木工加工设计时的表现。在这些加工设计中都包括了在真实工作情境下可能会运用到的所有程序(诸如设计、订购材料和装配机器)。在操作机械装置、修理设备和在完成以任务为中心的实验室任务时，也会采用任务样本测评法。而且，这种方法还会被广泛地用来测评职业技能，而进行测评所需要的场景是在学校里就可以模拟出来的。

延展性研究项目

实作测评最全面的一种测评类型就是延展性研究项目。这种测评方法需要结合知识、沟通能力和思维技巧等因素来解决现实中具有开放性的问题，打造出一个独特的产品，或者是二者兼有。这一般会涉及多元化的结果和标准；学生可以参与开发实作标准，选择要进行研究的问题，设计和执行研究计划，对研究结果进行评价，以及叙述研究过程，或对研究成果进行展示和答辩。整个过程中，强调的是用于解决问题的高水平的学习成果(例如，分析、综述、评价)，交际技巧的有效运用，自我测评技能的培养及独立学习能力的提高。详细介绍见下一章。

选择观察、记录和评分的方法

无论是评价过程、评价结果，还是对两者的评价，都需要一些特定的方法来指导观察、记录和对结果进行评分。通常使用的方法有：(1) 系统观察和逸事记录；(2) 检核表；(3) 评定量表。

系统观察和逸事记录

在自然环境下观察学生的行为是测评学生实作结果最常用的一种方法。不幸的是，这样的观察没有系统性而且经常没有形成观察记录。一些较小的、容易改正的实作任务，就可以采用这种非正式的观察方法，例如，怎样使用油漆刷或怎样给图表进行命名。但是，对于一些更复杂的实作情况而言，就需要进行系统的观察并形成一些观察记录。这样做可以让日后的考察客观、有意义、实用。

观察法经常需要借助于检核表和评定量表来完成。但是，观察和记录一些条理性不强的实作情况也是有好处的。比如，记录下学生是怎样完成一项任务的，他们的毅力以及工作的认真程度，这些对于评价他们如何成功完成一项任务有着重要的意义。同样可能会出现这种情况，一个学生也许在完成实作的每一个步骤中都需要帮助，而另外一个学生则早早地就把任务完成了，而且还去帮助其他的同学。由于使用了更加有条理的观察工具，这些实作表现中比较重要的方面很容易被忽略，但这些信息却可以用逸事记录法记录。

逸事记录法(anecdotal record)是对学生某些有意义的行为进行的简要描述和记录。它记录的内容主要包括观察到的行为、行为发生的情景，和对行为进行相对独立的解释。虽然做逸事记录是件很花时间的事情，但是如果将这种记录定位于某些行为(如安全性行为)和某些特别需要帮助的个体(如速度慢的学生、粗心的学生)，实作任务就可以处于一种可控制的状态。所以，当：(1) 记录的重点是有意义的事件；(2) 事件发生后马上进行记录；(3) 记录包含足够的、日后可以理解的信息；(4) 被观察到事件和对此事件的解释保持独立时，逸事记录法记录的信息就是最有用的。我们需要的是对一个有意义的事件进行简要、客观、充分地描述和对该事件作出相对独立的解释(如果需要的话)。随着对某一个体逸事记录的积累，我们就可以了解该个体的行为模式。

检核表

检核表(checklist)是一种用于检查某一实作或成果出现与否的多维表，表格留出空白供作出“是”或“否”的简单评判。比如，如果检核表是用来评测整套的实作步骤，那么，检核表上应该提供按照顺序排列的操作步骤；然后，观察者只需检核被观察者是否完成了每一个步骤。图 7-3 是一个测评口腔温度计使用是否正确的检核表。用于测评产品的检核表主要包括高品质产品应有的特征(尺寸、颜色、形状等等)，以及记录是否具备理想特征的空白处。这样，检核表直接把我们的注意力放在了需要观察的元素上，并为我们记录评判的结果提供了便利。

制作一个实作测评的检核表，要包括以下步骤：

1. 列举出需要评价的操作步骤或产品特征。
2. 如果对诊断效果欠佳的实作有帮助的话，则可以增加一些常见的错误。
3. 按照一定的逻辑顺序来排列检核表中的项目(例如，步骤的顺序)。
4. 提供说明并在各个项目后留出空白处供检查。
5. 如果需要，可在表格底部留出空白，供评论用。

指令：每操作一步，请在对应栏前做已检查的标记。

________ 1. 手拿没有水银泡的一端，将温度计从容器中取出。
________ 2. 用干净的手帕，将温度计从没有水银泡的一端从上往下进行擦拭。
________ 3. 手拿没有水银泡的一端，将水银柱所显示的温度甩到96度以下。
________ 4. 将温度计水银泡的一端放到病人的舌头下面。
________ 5. 告诉病人合拢嘴唇，但要避免咬到温度计。
________ 6. 将温度计放在病人口中3分钟。
________ 7. 手拿温度计没有水银泡的一端，将温度计从病人口中取出。
________ 8. 读取温度，精确到0.2度。
________ 9. 将温度记录在病人的病历表中。
________ 10. 清洁温度计并将温度计重新放回容器中。

图7-3　测评口腔温度计使用是否正确的检核表

评定量表

评定量表(rating scale)类似于检核表，二者在评判过程和成果方面有着相同的用途。它们主要的区别是：评定量表可以提供某个行为各个要素的实际表现程度的记录，而不是简单的"有"或"没有"的判断。评定量表主要是基于表现一个行为的频率(例如，总是、有时、从不)，实作的总体质量(例如，优秀、中上、中等、中下)，或一系列可以说明所观察到的实作表现程度的词语(例如，很快完成任务、完成任务很慢，没有帮助就不能完成任务)。像检核表一样，评定量表把我们的注意力放在了需要观察的方面，并且提供了一个便于记录的表格，供记录评判结果用。

图7-4是一个评价实作过程和实作成果的评定量表的样本。虽然，这个用数字表示的评定量表的选项是固定的数字，但是同一级别的项目可以用不同的描述性词语加以描述。

指令：在以下每一个条目中表示恰当等级的数字上画圈，这些数字表示的程度分别是：5—优秀；4—中上；3—中等；2—中下；1—差。

过程评定量表
在以下几个方面，学生的实际表现是怎样的？

5　4　3　2　1　(a) 为实施项目准备了一个详细的计划。
5　4　3　2　1　(b) 确定所需材料的数量。
5　4　3　2　1　(c) 选择适当的工具。
5　4　3　2　1　(d) 遵循每一步操作的正确程序。
5　4　3　2　1　(e) 正确、熟练地使用工具。
5　4　3　2　1　(f) 使用材料时没有不必要的浪费。
5　4　3　2　1　(g) 在合理的时间内完成工作。

续

成品评定量表

成品与以下标准相吻合的程度如何?

5 4 3 2 1 (a) 产品看上去整洁、美观。

5 4 3 2 1 (b) 尺寸与原计划要求相吻合。

5 4 3 2 1 (c) 结果与设计说明书一致。

5 4 3 2 1 (d) 接口和部件相嵌。

5 4 3 2 1 (e) 材料的使用效率高。

图7-4 木工艺加工的评定量表

在这种情况下,每一个评定的项目都可以按照下列模式排列:

(a) 项目设计计划

1	2	3	4	5
笼统模糊		结构合理,但缺乏细节		详细且完整

每一个项目之后均需要留出空白以供写评语用,或者在一组项目之后留出空间以详细说明级别或阐述如何改进实作。

建立一个实作测评的评定量表一般包括如下步骤:

1. 列举出需要进行评测的步骤或成品特征。
2. 选定评定量表中使用的测评点的数量,并用描述性的语言加以界定。
3. 排列好评定量表中的条目,方便使用。
4. 提供清晰、简短的指令,以告诉测评者怎样在量表的条目上进行标记。
5. 出于诊断或教学目的,可留出空白处,供发表评论使用。

分项评分与整体性评分

在**分项评分**(analytic scoring)中,评定量表特别有用,因为我们需要在每一项标准上对实作和成品进行评判。比如,在评价写作技能时,对诸如文章结构、词汇、文体、观点和写作技巧等分别进行评分。此时,评定量表就成为一种工具,为观察到的对象提供评判标准,给记录和打分提供了一种方便的形式。

整体性评分(holistic scoring)根据对实作表现或成果的整体印象进行评分,而不是根据单一的元素进行评分。通过给每一个实作表现或成果打分,来作出总体的评判。一般来说,在使用4~8之间的数字时,最好使用偶数,以避免出现“立场倾斜”的可能性。测评包括快速地对实作表现或成果进行检查和就实作表现或成果的整体印象进行打分。比如,在测评写作的例子中,阅卷人将会快速阅读完每一篇文章以留下一个整体印象,然后把文章分别归类到4~1的四个等级中。我们认为质量高的文章不仅仅只是写作各要素单纯地累加，整体性评分考虑的是对文章的整体印象。

整体性评分可以在评分指标的指导下进行，评分指标说明了不同质量水平的特点。专栏 7－4 和 7－5 分别是写作评分指标（即评分指南）和动作技能评分。以上这些对评分指标中每一个水平的描述，都没有对实作成果或实作本身进行具体的分析。而是简单地罗列出当我们在作总体评判时，需要记住的标准。另外一种可以阐明实作成果评分指标中每一分数水平含义的方法是使用成果评定量表。在此量表中包括了一系列成果样本，这些样本能够代表各种不同的质量水平。比如，在测评写作成果时，阅卷人浏览代表每一级质量水平的范文（包括 4～1 级），然后再将每一份作文与范文相比较，根据与文章最相符的样本所属的等级对文章作出评判。成果评定量表尤其适用于评价那些成品质量难以界定的实作成果（如艺术，创作）。

专栏 7－4 写作的样本评分指标

4——文章通篇有趣
行文流畅、过渡自然
紧扣主题，结构严谨
写作技巧和句子结构使用恰当
3——文章大部分内容有趣
行文流畅，但有些地方过渡不自然
文章结构严谨，但有不合理之处
有少量写作技巧方面的错误
2 由于重点不突出，使文章丧失部分趣味性
过渡不自然，行文也断断续续
结构不严谨，偏离文章的主题
出现了一些严重的写作技巧上的错误
1——没有清晰的主题
行文即兴发挥、漫无目的
结构不严谨
有许多写作技巧上的错误，句子结构也不好

专栏 7－5 动作技能的整体性评分指标

优秀	能快速和熟练地执行操作步骤 能解释清楚操作步骤中的每一步的作用 能够适时调整操作步骤，以适应变化中的条件
良好	能正确地执行操作步骤，但不是太熟练 能大致地解释操作中的每个步骤 在教师指导下，能够适时调整操作步骤
一般	能正确地执行操作步骤，但速度缓慢且不太熟练 能解释一部分操作中的步骤 只有教师示范后，才能适时调整操作步骤

续

差	不能正确执行操作步骤 解释说明对操作步骤缺乏理解 采用失误的方法来调整操作步骤

对于教学来说，整体性评分和分项评分都是有用的。整体性评分对实作或成果进行整体的评判，而分项评分则通过提供一些诊断性的信息帮助改进实作。同时使用这两种评分方法时，应该先采用整体性评分，再使用分项评分，这样就不会因为一些细小的因素而歪曲了对成果的整体印象。

完善实作测评

实作测评能为测评学生的学业成就提供有用的信息，但是这些信息很容易受到观察和评判中出现的误差的影响，比如个人偏见、"慷慨"误差（评价过高的倾向）和晕轮效应（以整体印象来评判个别的特征）。因此，如果实作测评要提供有效的信息，就要特别注意提高测评的客观性、信度以及结论的意义。在专栏 7－6 中，列举了一些可以提高实作测评适用性的方法。

专栏 7－6　完善实作测评的方法

1. 用可观察的词语，详细地说明预期的实作结果，描述结果的用途。
2. 在数量上适度限制实作的观察角度。
3. 为评判实作过程或成果提供一套清楚、明确的标准。
4. 选定与实作相关度和真实性最高的实作情境。
5. 如果使用的是一个有条理的实作情境，那么需要提供清晰和完整的指令。
6. 尽可能客观地观察、评判、记录实作。
7. 在不同的情况下观察实作，而且要尽可能地使用多种观察方法。
8. 观察一结束，马上作记录。
9. 采用清楚、相关度高且容易使用的测评形式。
10. 采用的评分程序要依照成果的用途而定（例如，总的评价采用整体性评分，基于诊断的目的则采用分项评分）。
11. 告知学生实作测评的方法和标准。
12. 运用其他能反映学生学业成就的资料对实作测评进行补充和证实。

要点小结

1. 实作测评为那些难以用传统笔试进行充分评价的学习成果提供了直接的测评证据，但是实作测评使用起来要花很多时间，而且在评分过程中要进行多次评判。

2. 实作任务包括知识、情感和技能三个要素。这三个要素在设计实作测评时都必须考虑在内。

3. 制定实作目标时，首先要对每一个总体性目标进行描述，让它能够对每一项技能或成果有清楚的描述，然后再用一系列相关的、具体的实作结果对其进行详细说明。实作目标的表述要清晰可见，而且要方便学生理解。

4. 限定性的实作任务条理性强，而且范围有限（例如，绘制一张曲线图）。延展性的实作任务一般来说条理性不太强，但涉及范围较为广泛（例如，设计并实作一项实验）。

5. 实作测评的第一步是详细地说明预期的实作结果。

6. 实作测评可能会关注实作过程（例如，作一次演讲），实作成果（例如，写一篇论文），或是二者兼顾（例如，合理使用工具制作书柜）。

7. 在某些情况下，需要在教授技能的早期强调过程的测评（如打字时对触摸系统的操作），而在后期再强调结果的测评（例如，打印好的信件）。

8. 有各种真实性程度不同的实作测评，但我们的目标是在受到各种因素限制（例如，时间、经费和设备的供应）的情况下应该尽可能地增加实作的真实性。

9. 笔试实作测评在许多领域内都是一种很有用的终极性测量工具（例如，写作、绘画、解题），而在其他领域（例如，修理汽车发动机），却是作为实际操作之前的先导性步骤。

10. 鉴别性测试主要是鉴别实作任务中需要使用的工具、设备和操作程序，是对实作表现间接地测量，或是作为一种教学手段，可以让学生对进行实际操作作好准备。

11. 有条理性的实作测试指在标准的、完全可以控制的条件下的测试（例如，在电器中找到出故障的部位），对工具、设备、条件和实作标准都有明确规定。

12. 基于模拟实作（驾驶培训模拟舱）和实作任务样本（在计算机上分析商务数据）的实作测评具有很高的真实性。实验教学、商业教学和工业教学中的许多实作技能都可用这种测评方法进行评价。

13. 在自然的环境中观察学生并做逸事记录可以帮助测评实作的各个方面，而这些方面是很容易被条理性强的测评方式忽略的（例如，测评工作习惯）。

14. 评定量表为分项评分作好了准备，把注意力直接导向需要进行观测的实作层面，并提供便捷的表格以作评判记录。

15. 整体性评分指标和成果评定量表在需要作出总体评判时特别有用（例如，对文学创作，艺术品创作的测评）。

16. 要改进实作测评就要弄清楚观测的对象是什么，如何进行观测，如何对观测进行记录，如何对结果进行评分，如何利用结果。此外，任何有利于进行更客观的观测和记录的方法都将对增进结果的信度和意义有所帮助。

本章将使读者能：

1. 描述延展性实作测评的特征。
2. 描述延展传统实作测评的方法。
3. 为你所教授的课程或你即将教授的课程准备一份实作型的纲要。
4. 描述怎样通过做项目来理解延展性实作测评。
5. 为你所教授的课程或你即将教授的课程写一份针对某个主题的项目计划。
6. 给实作型的任务和项目制定一个评定量表或整体性的评分指标。

第八章 延展性实作测评

教育因较多地强调认知，很少强调实作，而经常遭到批判。这种现象的产生，部分原因应该归结为大量使用客观测试。客观测试主要是用来测量学生对事实性的知识的掌握情况，虽然客观测试也可以设计来测量更复杂的学习效果，但是学校里的老师却很少这样去做。随着标准参照测试的广泛应用（即描述学生能做什么，而不是按照成绩给学生排名次），我们就更需要用直接的测评方法来测评学生的实作表现了。这俨然促成了人们对课堂实作技能测评的重新关注。然而，大多数情况下，传统的实作技能测评所关注的对象过多局限于表现技能的活动，而忽视了实作表现在整个学生教育过程中所处的地位。把重点放在日常的学习和技能的测评比较适用于一些技能训练的课程和一些课堂教学活动中（如：学会操作电脑或组装实验设备）。但是，对于大多数教育性课程而言，所关注的东西应该更广泛一些——强调综合的学习效果，强调将认识和技能进行整合的能力，要给予学生更大的选择、组织和评价教学活动的权利。

延展性实作测评的概念和它在教与学过程中所处的地位是基于当前关于学生应该怎样学习的新理念而产生的。现代学习理论强调的是关注综合性的学习效果，采用综合性更强的学生活动，让学生参与到活动中去并从中获益，让他们解决更具真实性的问题。这个侧重点就需要更加精心制作的实作测评方案，在实作活动中融合各类技能和思想观念。恰当地运用延展性的实作测评不仅能提高学生某一方面的技能，而且能增进学生对知识的理解，促成学生全面发展（参见专栏 8－1）。

专栏 8－1 技能运用与延展性实作测评

操作一项技能	延展性实作测评
1. 就指定的主题编写一个小故事。	1. 设计一个小故事，勾勒出故事情节和角色，写下这个故事，评论故事，在此基础上重写。
2. 按照所给数据画出条形图。	2. 先分析一组数据，选择最能说明数据情况的图表类型，画图并说明选择这类图形的原因。
3. 组装实验设备，按照指定的练习的步骤做试验。	3. 设计一个实验来比较两个产品，完成实验，写实验结论，写出对两种产品的推荐意见并说明原因。
4. 按照指定的计划建造一个鸟巢。	4. 研究你所处的地区最常见的鸟类。为一种最常见的鸟设计并建造一个鸟巢。向全班同学解释你为什么选择这种造型，以及在什么地方安放这个鸟巢最合适。

扩展传统实作测评的方法

随着现代学习理论的发展，实作测评的范围也有所扩展。改进后的实作测评期望能够促进认知技能、交际技能、解决问题的技能、小组合作技能、自我测评技能和独立学习技能，简言之，使学习的过程向更高水平的学习效果迈进。运用以下一些方法可以拓宽实作技能测评范围。

进一步强调认知技能的作用

提高认知技能的最普通的方法就是不仅要知道怎样做，还要知道为什么要这样做。比如说，你为什么要选择这个问题或这个项目，为什么要选择这些工具或实验仪器，为什么要使用这些策略而不是其他的策略，为什么认为这是高质量的实作表现或实作成果？这些只不过是在实作前、实作中和实作后可能被询问的诸多问题中的一小部分而已。类似这样的问题，既可以增强学生对实作的了解，还能使学习从有限的技能训练转变为具有教育意义的活动。一个技术人员也许能很熟练地运用一项技能，但是一个受过教育的人应该了解整个实作过程中相关的概念，而且能够把这些概念介绍给其他的人。

如果他们注重反思，思考的范围不局限于眼前的事实，那么提问是保证完全理解最有用的方法。比如，要求学生分析问题或实作过程，对所采用的策略进行比较，写出推论的结果并评价实作过程或实作成果，这些做法都比较有可能把复杂的认知技能引入到实作过程中来，从而提高学生的推理能力。这是延展性实作测评发展的一个主要趋势。

提高交际技能的作用

通过让学生解释他们做了什么和他们为什么要这样做，这种口头上的交流和沟通可以增强测评的效果。一种更全面的口头交流也可以用于测评中，即让学生向其他同学展示和解释他们的实作。要求学生就他们的实作表现写一份分析和评论报告，写一份实验报告或其他类型的相关报告等活动，都是扩展实作测评的方法。虽然交际技能本身就是很重要的实作目标，但它也是其他实作测评方法有益的补充。交际技能可以让实作和测评都关注更为复杂的学习效果，并要求学生对他们的学习进行反思。

增加视觉材料的使用

绘制地图、海图、曲线图、斜线、海报和模型都有利于扩展不同类型的实作测评。有时，展示的材料可能是书面报告的一部分(如研究报告里使用的曲线图)；有时，展示的材料可能是口头报告的重点，整个报告用来解释说明这份报告(如：在天气预测活动中制作一幅气象图)。使用视觉材料有助于分析和用简单易懂的形式综合和表达概念的能力。有时，视觉材料也有助于测评那些在其他形式的测评中被忽略了的创新能力。

扩大学生的参与面

让学生参与到实作测评过程中有许多方法。学生可以参与制定有待使用的质量标准，参与准备和使用测评工具(如同伴评价和自我评价)。他们可以将自我测评与老师和同伴的测评进行比较，讨论并找出三种评价之间的共同点和不同之处。学生可以记录下实作过程中的进展，写篇论文描述实作过程中取得的进步和有助于实作的因素。学生的参与面能多大或是应该有多大取决于是什么样的实作、学生年龄的大小及测评的目的。当测评的目的是让学生学得更好时，就应鼓励学生尽其所能参与到测评过程中来。

提高任务的真实性

那些更类似于存在于真实世界中的测评任务，对于学生来说会更有意义，并且能够为解决其他现实生活中的问题提供有用的思路、策略和技巧(如怎样改变分区的法律，或怎样保护环境)。现实世界中的问题趋向于模糊和复杂，解决它们没有固定的策略，也没有清晰的对或错的解决方式。因此，解决它们可能会产生很多种复杂的结果，这些结果强调综合运用认知技能、交际技能和解决问题的技能。

增加任务的复杂性

有许多方法可以增加学生需要完成的实作任务的复杂程度。就限定性的实作任务而言，常见的做法就是通过问题或指令给学生一个基于实作任务的提示，告诉学生他们应该做什么。这些任务有一定的复杂性，引人思考而且可能要求用到多种技巧和策略。就延展性实作任务而言，让学生做项目是一个最具综合性的实作例子。一个精心设计的问题解决型的项目可能会涉及以下一些步骤：辨别和定义问题，查阅各种不同类型的资料，对信息进行分析与解释，写一份报告描述解决问题的办法，准备好一些视觉材料，并在小组面前进行展示和答辩，然后再对最终的研究报告作出评论与修订。像这样的研究项目可能还会包括实验阶段，那就是基于研究结论进行实验性研究。至于研究项目的复杂程度，主要取决于学生的年龄、已经具备的知识和教学目标。

将实作任务本身作为实作的提示

那些直接涉及该怎样解决问题的问题，本身就是一种实作测评，因为解决这些问题需要学生对他们解决问题的思路进行组织、整合和表述才能得出一个答案。然而实作任务的这种角色，却可以通过将其作为解决一系列问题的提示来强化。一般来说，实作任务中问题的描述是基于情境的，对学生来说，使用真实情境中存在的问题会使问题更有意义，因为这些问题很有可能是他们在将来的现实生活中会遇到的。下面的实作任务和问题可以具体说明这种做法。

假如你是杰斐逊高级中学教自然课的一名新教师。新学年开始时，系主任让你描述一下系里的测评计划应该怎样改进才好。当前的测评计划采用的是多项选择题，测评内容是教科书和实验两部分，每一部分的分值为50%。

在当前的测评计划中有哪些问题存在？并说明你的理由。

制定出一个行之有效的测评计划，你建议系里怎样做？列出需要采用的步骤，并说明采用每一个步骤的理由。描述最后的测评计划是什么样的。我们将用给你的评分指标（参见专栏8－2）对你的改进方案进行评判。

专栏8－2　学生作答情况的评分指标

优秀 4	有理有据地逐项分析计划中所存在的问题。 全面、有序地描述改进计划的步骤。 用合理的理由解释了每一个步骤。 完整、清楚地描述了最后的计划。

续

良好 3	有理有据地分析计划中所存在的主要问题。 比较全面、有序地描述改进计划的步骤。 用合理的理由解释了大多数步骤。 大致地描述了最后的计划。
一般 2	用不充分的理由列出了计划中存在的几个问题。 粗略地描述或列出了改进计划的步骤。 能够用一些合理的理由解释改进计划的步骤。 对最后的计划的描述笼统而不全面。
差 1	只是笼统而含糊地说明了计划中存在的问题。 不能完整地描述改进计划的步骤。 用笼统的、含糊的、不完整或不相关的理由解释改进计划的步骤。 没有描述最后的计划,或者描述不清楚、不恰当。

把实作任务本身作为提示,可以让实作者清楚任务的性质,还能为其展现出更高水平的学习效果提供广阔的空间。这个评分指标可以让学生知道是怎样评价他们的作答。

设计实作任务的指导性原则

有效的实作任务比较耗时,而且评分也多具主观性,所以在设计实作任务时,需要特别小心。以下指导性的原则提供了在编写实作任务时需要考虑的一些最重要的因素。

1. 任务应该与教学目标一致。教学目标要以学生的表现来描述预期的学习效果,以此表明实作应该是什么样的。然而,实作任务的目标常常不止一个,在编写任务时需要把所有目标都考虑在内(例如,认知技能和交际技能)。

2. 任务应该关注复杂的学习效果。较低层次的学习效果(例如,事实性的知识)可用客观性测试来进行有效的测量,所以实作任务应该被设计来衡量那些不能用客观性测试进行测量的学习效果。较高层次的学习效果,如分析、综合和评价技能都应成为实作测评关注的对象。

3. 任务应该包含理解与技能相结合的内容。任务应该要求学生以全新的方式将他们的认识和技能进行整合并加以利用。所以,这样的任务必须新颖,以防学生总是用已经准备好的答案去解决常规的问题。

4. 对于学生而言,任务应该是真实的,有意义的。在实作测评中很强调运用真实的问题。这是一个很有价值的目标,但是在这里还应有一个附加条件,即这些问题对学生而言应是真实的,而且必须是有意义的。有些现实生活中的问题,学生并不感兴趣,也很难引起他们的关注。

5. 任务应该能让学生清楚地理解。意思是说，对问题的描述要清楚，指令要能准确地告诉学生要求他们做什么。实作任务应该在怎样解决问题上给学生提供一些自由发挥的空间，但自由发挥的程度应该在指令中加以说明。

6. 任务应该没有与实作任务不相关的因素。测评的任务与欲测量的学习效果不相关可能使学生在某个实作任务上表现欠佳。比如，在一个数学推理问题中，尽量保持对计算技能要求别偏高，以免影响到对学生推理能力的测量。在最后的分析中，我们需要的是实作任务能为所期望的学习效果提供有效的证据，而不是因为受一些不相关的难点的影响而对其有所曲解。

7. 在时间限制、设备和资料方面，任务应该具有可行性。很明显，这是实作必需遵守的方针，但是实作任务在复杂程度方面，对时间和其他因素的要求方面，差异性都很大。在设计一个实作任务时，要使之与课堂时间安排相适应。可是，在有的情况下，把实作任务安排为课外活动则更为可取，因为这样学生可以有更多的时间来完成任务，并且能够使用社区内的资源。

8. 任务应该与被测评的学生的身心发展相适应。意思是说，需要考虑学生现有的知识与技能水平。虽然争取完成困难而复杂的实作任务是很重要的，但是基本知识和基本技能也是成功地完成实作任务所必不可少的。在编写实作任务时，问一问自己，学生是否已经具备了必须的知识背景和使用设备等物件的技能。如果答案是否定的，你将有必要调整实作任务或是在这之前，先增加学生必需的知识储备，提高学生的技能水平。

9. 任务需要的是在完成其他类似的问题时也可以推广的实作表现。由于实作任务有时间限制，每个教育领域被用于测评的任务是有限的。因此，编写具有最大迁移价值的任务是很重要的。在相似的任务中，被测评的认识和技能是否是那些最具推广性的？总的来说，复杂的学习效果（如推理能力）在问题解决过程中都具有很大的可迁移性。所以在编写任务时，应该给予复杂的学习效果特别的关注。

10. 任务应该与实作表现的评分方法相配套。评分过程包括：制定用于评判实作表现的质量标准，准备一个评定量表或整体评分指标。这些步骤应该与任务的设计同时进行，以便将评分细则连同实作任务，一起呈现给学生。评分的程序让学生知道如何评判实作表现，同时也给学生一个进行自我测评的依据。在编写任务的同时制定评分方法可以及时检查它们之间是否协调。有时会需要重写任务来使之与评价标准相适应。

制定测评实作任务的质量标准

质量标准让老师和学生都清楚高质量实作的要素有哪些。它为教育和测评提供了向导，并给学生提供了反馈的依据。所以，认真地制定质量标准很重要。专栏 8 - 3

列举合理的实作质量标准的特点，为制定质量标准提供了指导。这些质量标准的特征也许不适用于某些实作任务(例如，专家们可能会在某个领域的实作表现的评判要点上无法达成一致)，但即便如此，还是应该尝试着提供质量标准以表述清楚实作中最重要的因素。

专栏 8-3 合理的实作质量标准的特征

1. 质量标准描述了满意地完成实作任务应该具有的最关键的因素(例如，对表面上微不足道的活动也要多加留意)。
2. 质量标准强调的是可观察的实作行为(例如，“遵循安全的操作程序”，而不是“表现安全意识”)。
3. 质量标准能运用于各种情境(例如，“计算技能”就可用于所有情境)。
4. 质量标准描绘了专家认可的成功实作必须具有的要素(例如，“结构严谨”就被专家认为是各种类型的文章都必须具备的基本要素)。
5. 质量标准使用的词语应是容易理解的，并且能让学生在评价实作时容易使用(例如，在自我评价或同伴评价中)。
6. 质量标准与教学目标、测评结果的用途需保持一致(例如，用于评判写作技能及如何提高技能的标准)。

最好的方法就是先审查一下在教学目标中表述过的一些具体的学习效果。如果教学目标已经表述得很清楚了，那么通常情况下，就可以直接把这些具体的教学目标用做质量标准(例如，区分哪些陈述是事实或哪些陈述是意见)。有时，预期的学习效果也只需作少许的调整，就能成为合理的质量标准了。如果目标的表述不实用，不可以直接用于测评，那么就可以从已经完成的实作任务入手，弄清楚“满意的实作与不满意的实作，在主要特征上有什么区别?”对任务认真地进行分析，并评价别人制定的质量标准，有利于形成一个实用的质量标准表。不管教学目标是怎样表述的，都要确保质量标准与教学目标是一致的。

所使用的评分方法的类型，对质量标准的表述也会有影响。对于一个评定量表，需要就某个具体实作的优点和缺点列举出详细的质量标准。对于一个整体评分指标，为了进行全面的评价，需要将一些具体的质量标准进行整合以形成对评分指标概括性的表述。例如，在正反两方就某个议题进行辩论时，测评辩论技能和辩论结果可以根据以下几个要素进行：区分事实与推论，相关与不相关，原因与结果，一致与不一致，必要与不必要，有说服力与没有说服力。上述的每一项都可以成为评定量表中的质量标准。然而，对于整体性评分指标，就很有必要使用概括性的表述，例如，“评价用于支持或反驳一项提议的陈词，其适用性和有效性有多高”。有时，评定量表和整体性评分指标会同时使用，此时细节性的表述和概括性的表述都有必要，前者进行详细分析，后者进行总体评价。当这两种评分方法同时使用时，先使用整体评分指标可以避免一些细节判断对实作行为总体印象的影响。

利用学生的研究项目进行实作测评

正如前面所述一样，一个研究项目可以提供实作测评详尽的信息。它可以被设计为一个集知识技能、交际技能、思维水平和其他相关技能于一体的复杂的实作、成果或是问题解决型的活动。从理论上讲，一个研究项目涉及多种的结果，评判每一种结果的质量标准，学生在各个阶段的参与情况，以及对整个项目的测评都是有意义的（参见专栏 8-4）。

专栏 8-4 高质量的学生研究项目的特征

1. 项目关注多种的实作结果。
2. 项目包括对理解、技能和策略的融合。
3. 项目是有关校外生活中的问题与活动。
4. 项目中各个阶段都有学生积极的参与。
5. 项目为学生提供了自我评价和自主学习的机会。
6. 项目要求所涉及的实作技能也可推广应用到其他类似的情境中。
7. 项目要具有可行性，考虑到学生现有的知识水平、时间限度、可获得的资料和设备。
8. 项目对学生来说是一种挑战，同时也能激发学生的学习。
9. 项目对于所有学生而言都是公平和可操作的。
10. 项目为师生之间提供了合作的机会。

为了说明项目在测评中的使用情况，我们集中分析问题解决型的项目。一般来说，采用类似于现实生活中的开放型的问题，这类问题没有简单或唯一的答案。这就增加了问题的复杂性，并把更多的注意力集中到更高层次的学习效果上来（例如，对分析、综合、评价能力的测评）。这也为测评那些在今后生活中会使用到的更多的技能提供了机会（如查找资料、写作、表达、自我测评等方面的能力）。

一个问题解决型研究项目的纲要主要包括以下几项：

1. 建立质量标准和水准。
2. 选择与陈述问题。
3. 查找和选取资料。
4. 撰写报告。
5. 设计并完成研究项目或研制出成果。
6. 对研究项目作口头陈述和答辩。

以上这些步骤需要由老师来指导，也包括师生间大量的合作。

建立质量标准和水准

由于期望一个研究项目产生多种的研究成果，所以就必须针对研究的各个主要部分建立相应的质量标准。例如，建立每一个主要的研究阶段(如选择问题、研究技能、撰写研究报告、成果的设计与制作、口头陈述)的质量标准。不管是考查整个研究阶段，还是分阶段考查，建立的质量标准都要体现出思维的水平和整体解决问题的技能。类似的质量标准可以由老师来制定，或是由老师和学生共同制定。后面一种做法可以让学生更好地理解质量标准并且更能够激发学生的学习热情。最后形成的质量标准表应与教学目标进行对照，以确信二者是相符合的。

在制定质量标准的同时，制定描述达到每一项质量标准的度的水准。这些水准可在整体性评分指标中表述，或者归在评定量表中，用来测评研究项目。

选择与陈述问题

学生应该可以自由地选择他们感兴趣的问题，但是选择问题的过程还是可能需要老师的帮助。在传统的课堂教学中，许多学生处于"告诉我下一步怎么做"的模式中，或者需要开一两次班会来帮助学生思考他们学习中可能存在什么样的问题。在帮助学生选择问题时，记住选择的问题在多大程度上适合学生，这是非常重要的。考虑一下这个问题对学生来说是太难还是太简单？是为学生提供了学习新知识的机会，还是这个问题学生已经学过？学生们是积极性很高，还是勉强地接受？是否能够提供与预期学习效果一致的有意义的学习经验？关注这些问题或类似的问题将会帮助学生选择到一个合适的、有价值的问题。

在陈述问题时，学生也需要帮助，以使问题的表述清楚、客观、真实。用提问的形式陈述问题，通常可以有效地呈现出问题的要点。例如，将"环境的研究"改为"我们可以怎样改善环境?"这就可以使注意力集中到主要问题上。当然，还可以做出更具体的表述，例如，"我们可以怎样改进空气或水的质量?"要求学生用问题的形式表达他们的主题可以迫使学生提出问题。然后就是帮助学生修改问题表述的方法，把问题的表述修改到既清楚又逼真为止。

如果选择和陈述问题的质量标准预先已经按照要求制定好了，那么这些标准就可以用于评价表中，作为测评的依据。当然，它们可以为项目后期的测评提供依据。以下的质量标准可与其他项目的质量标准相结合，作为设计一个评定量表的基础：

1. 选择与陈述一个真实的问题。

   1.1 这个问题符合学生现有的认知和技能吗？

   1.2 这个问题提供给学生学习新知识、新技能的机会了吗？

   1.3 这个问题提供了测评认知技能和交际技能的机会了吗？

   1.4 这个问题与现实生活有联系吗？

   1.5 这个问题有一个以上的解决办法吗？

   1.6 这个问题表述清楚了吗？

1.7 这个问题的表述避免了主观偏见和曲解吗?

重要的要让学生能理解质量标准的表述。让学生帮助制定质量标准是解决学生理解问题最好的方法。如果这个问题要求由老师来制定质量标准,那么在标准制定好了以后,可以让学生对制定好的标准在必要的地方作进一步的阐明和重新措词。在任何情况下,都必须让学生清楚标准,并且在开始做项目时可以得到标准,这会让学生知道项目的侧重点,并且为以后的自我测评和同伴测评提供指导。

查找和选取资料

清楚地表述完问题以后,学生需要去查找参考书和其他资源以搜集信息。其他资源有可能包括与社区中知识渊博的人交谈(例如,银行家、会计、医生、科学家),观察事件的整个过程(例如,评议会、审判、制作面包),或是写一封信给国会议员询问信息。关键是,学生可以从任何渠道获取能帮助他们解决问题的信息——就像我们解决现实生活中的问题一样。

研究项目的这个阶段的质量标准可能会和下面列举的质量标准有相似之处:

2. 选择恰当的资料。

 2.1 是否已经选择了各种各样的资料?

 2.2 这些资料与问题相关吗?

 2.3 这些资料提供了多种解决问题的办法吗?

 2.4 这些资料提供的证据支撑所建议的解决方法了吗?

 2.5 有没有足够的资料以得出有效性结论?

撰写研究报告

撰写报告给学生提供一个机会整合不同来源的观点,分析并解释研究结果,总结并得出研究结论。用于评判研究报告的质量标准可以用来指导报告的撰写。写好的研究报告是测评高级的思维技能的一个重要依据。因此,这些思维技能应该在质量标准里有所反映。

以下条目说明了应该怎样表述研究报告的质量标准:

3. 撰写一份清楚、有效的研究报告。

 3.1 问题表述清楚了吗?

 3.2 详细地描述了研究程序了吗?

 3.3 对不同来源的材料进行分析、比较和评价了吗?

 3.4 将研究结果整理成一份结构清晰的研究报告了吗?

 3.5 有足够的相关的信息支撑研究结果吗?

 3.6 总结包括要点了吗?

3.7 所得结论与研究的发现和研究的局限性之间的关系一致吗？

3.8 从这份报告可以看出较好的推理能力吗？

当然，质量标准的具体特性会受到教学内容、教学目标和教学水平的影响。强调推理能力可能会要求制定更具体的质量标准，涉及问题的性质、论点的相关性、有说服力的陈述和没有说服力的陈述之间的区别。强调交际技能可能会要求制定涉及表述的清晰度，语法和拼写等方面的质量标准。当然，在低年级，质量标准需要进行调整以适应学生的年龄水平。我们范例性的质量标准是概略性的，只是简单地说明了应该怎样表述预期的学习效果，以达到利于教学、学习和测评的目的。如果表述恰当，通过加上数字(4～1)，分别代表不同水平的实作，这些质量标准很容易就可以转换成评定量表(本节后面关于制定评定量表的内容和专栏 8-5 将会对此进行说明)。

专栏 8-5 研究项目的样本评定量表

指令：评定以下每个项目，并在相应的数字上画圈。数字代表的分值表示：4—优秀；3—良好；2—满意；1—差(有待改进)。

选择并表述问题

4 3 2 1 (a) 所选问题与学生现有的认知和技能相一致吗？

4 3 2 1 (b)(补充其他)

查找与选择资料

4 3 2 1 (a) 是否选择了各种各样的资料？

4 3 2 1 (b)(补充其他)

撰写研究报告

4 3 2 1 (a) 问题表述清楚了吗？

4 3 2 1 (b)(补充其他)

进行研究

4 3 2 1 (a) 遵循正确的操作程序了吗？

4 3 2 1 (b)(补充其他)

研制成果

4 3 2 1 (a) 成果符合设计说明书吗？

4 3 2 1 (b)(补充其他)

口头陈述项目

4 3 2 1 (a) 口头陈述反映出对研究问题的理解了吗？

4 3 2 1 (b)(补充其他)

在任何情况下，学生在写报告之前都应先了解完整的质量标准，并使用它们来评价报告，有必要的话还要对报告进行修改。这对于老师评价研究报告，并在学生修改报告之前的讨论会上将评定的等级与学生自己评定的等级进行比较来说都是很有帮助的。当然，这些标准在同伴评价中也可以使用。

设计并完成研究项目或研制出成果

有时,写好的研究报告是研究的基础。有时,写好的研究报告又是研制出一种成果的基础。制作出来的成果也许是一张地图、海报、海图、曲线图、模型,或其他可以说明研究结果的表现形式。在职业教育中,还有可能是一个木制品或金属制品。在这种情况下,项目的重点应放在设计和制作研究成果上,但是研究的阶段也一样重要。比如,一个木工工艺的研究项目,其研究阶段也许会包括比较不同类型的木头,不同的制造工序,或是产品的历史(如制作一把古式椅子的仿制品)。研究阶段为完成项目所需的知识和职业技能的整合作好了准备,并且更有可能在项目中展示高水平的思维技能。

用于测评研究过程与研究成果的质量标准应该按照前面所提到的相同的方式来表述。一个研究项目的质量标准的具体特征取决于被研究问题的类型。但是,也需要考虑一些总体性的质量标准,诸如正确地使用操作程序,变量的控制,机器的选择与使用,测量的准确度,解释结果的充分性,以及结论的效度。根据具体的研究项目来调整质量标准或者相似的标准,并将其用学生能够理解的话语表述出来,可以为指导研究和后期的测评奠定坚实的基础。

研究成果质量标准的制定取决于所研制成果的类型,以及它与研究报告的相关性。例如,一件展示品,一张曲线图或是一张海报,作为研究项目的一部分,其质量标准就要包括:它是怎样说明研究结论的,是否便于解释研究结果等等。对于制作木工工艺的项目来说,其质量标准可能涉及研究过程(如对研究工具和材料的选择、工具和设备的使用等等)和研究成果(如成果的外观、成果是否符合设计说明书、成果的性能是否良好)。如前所述,应该让学生在开始做项目之前就了解质量标准。把质量标准设计成评定量表也是很有帮助的,本章后面将会具体说明在测评中如何使用评定量表。

对研究项目作口头陈述和答辩

项目一完成,就有必要让每一个学生在一群学生、家长或社区成员面前描述一下研究的过程和发现。选择什么群体的观众取决于测评的目的,研究的类型和学校的组织方式。

最后的陈述是给学生在公众场合发言,并就他的成果进行答辩的锻炼机会。当然,可以通过提问的方式要求学生对项目的实施过程、发现和成果进行答辩,以对一些更高层次的思维技能进行测评。和项目的其他阶段一样,对陈述的评价也是根据项目开始时制定的、学生熟悉的质量标准进行的。

综合性研究项目包括多种结果,比如研究技能、写作技能、演讲技能、思维技能、自我测评的技能,有时还包括职业技能。当然,像这样一个研究项目,它的具体的特征会随着教学内容和项目研究的目的的变化而变化。考察一下不同学校是怎样测评这种类型的项目和其他类型的延展性实作测评会对你很有帮助。书后所列的参考书目中，就提供了大量在运作中的实作测评的例子及其描述。

评价学生的研究项目

学生的研究项目是用评定量表进行评价还是用整体性评分指标进行评价，取决于研究结果的用途和项目的复杂程度。若是用于诊断和更正具体的缺点，评定量表较受欢迎。如果一个复杂的项目中包括许多任务，也有可能在每一个主要的阶段使用评定量表。当评定量表不足以对整合后的认识和技能进行评价时，或是当利用评定量表进行评价不利于实作的整体性测评时，则推荐使用整体性评分指标。有时，需要为项目的每一个阶段制定一个整体性评分指标（如查找问题阶段、使用资料阶段、撰写研究报告阶段）。如果测评只是为了评出等级或者是为了打个分，使用整体性评分指标来测评项目的整体质量会较为理想，另外还可附加使用评定量表。

准备评定量表

如前所述，如果项目的每一个阶段都已经列出具体的质量标准，那么剩下的就是将所需要的评定方法和恰当的指令添加到每一个具体的标准上。如专栏 8－5 所示，使用四级量表是相当普遍的做法。当然，整个量表必须是完整的。一旦制定了测评实作或成果的标准，我们需要做的仅仅就是演示这个简单的评分程序而已。

评定量表不仅为评判项目提供了评判的侧重点，还为记录评判的结果提供了方便的地方。用简单清楚的语言表述评定量表是很重要的，这样便于学生理解，还可以成为学生自我评价、同伴评价、教师评价的有用工具。有时，把三类测评的方法都用上，并在师生会议上将测评的结果进行比较是很好的做法。讨论不同测评结果的异同将有利于学生的学习，还能提高学生的自我评价能力。

准备整体评分指标

鉴于前面所描述的项目的复杂性，有必要为项目的每一个阶段准备一个整体性评分指标（如选择并陈述问题的阶段、查找与选择资料的阶段、撰写研究报告的阶段等）。专栏 8－6 是一个项目第一阶段评分指标的样本。

专栏 8－6　选择并表述项目问题的评分指标

优秀 4	选择了一个复杂但可解决的问题。 选择了一个对学生的认知和技能都具有挑战性的问题。 清楚并且客观地对问题进行了表述。

续

良好 3	选择了一个颇为复杂但可解决的问题。 选择了一个恰当的问题，但问题的挑战性不够。 清楚并且客观地对问题进行了表述。
一般 2	选择了一个可解决但不太复杂的问题。 选择了一个具有中等难度的问题。 颇为清楚、客观地对问题进行了表述。
差 1	选择了一个太简单或太复杂的问题。 选择了一个不具挑战性或者超出了学生知识或技能所及的问题。 问题的表述不够清晰和客观。

研究项目其他各个阶段相类似的评价指标可为各阶段的评判提供一个轮廓，如下所示：

选择问题——良好

使用资料——一般

撰写报告——优秀

研究工作——一般

研究成果——良好

口头报告——差

像这样简单的描述虽然可以帮助确认哪里需要改进，但是对于做得较差的地方还需要更具体的研究。在评分指标中列举的质量标准可以帮助抓住问题的本质。

要点小结

1. 延展性实作测评重点用于测评复杂的学习效果，这些效果需要学生整合自己的技能和知识，并积极参与到整个学习过程中。

2. 延展性实作测评的理论基础是现代学习理论。

3. 传统的实作测评可以通过以下方式延展：在测评过程中注重对认知技能、交际技能、视觉材料、任务的真实性、任务的复杂性和学生的参与面的测评。

4. 延展实作测评有两种常用的方法，即把实作任务本身用作测评的提示和测评学生的研究项目。

5. 实作任务为实作测评提供了有用的提示。实作任务呈现了一个真实问题的情境，该情境说明了即将被测评的实作任务的类型和采用的评分方法。

6. 实作任务应该与教学目标相一致；注重复杂的学习效果；提供可将知识与技能进行整合的机会；真实、有意义、表述清楚、不受不相关因素的干扰、具备可行性且适合于学生的发展；基于可推广性原则；有与之相对应的评分方法。

7. 质量标准明确了高质量实作表现的特点，因此，在实作测评中起着关键的作用。有效的实作质量标准描述实作的关键要素，注重可观察到的因素，适用于各种情形，经专家认可，用易懂易操作的语言表述，并且与教学目标和结果的用途相一致。

8. 制定测评质量标准涉及审阅教学目标和与之相关的一些具体的学习效果，分析完成任务所需要的实作表现，查阅他人制定的质量标准，还需要考虑使用什么样的评分方法。

9. 学生研究项目为多种学习效果的测评提供了机会(例如，研究技能、写作技能、表达的技能、思考技能和自我测评的技能)，并可以根据教学内容的不同进行调整，而且通常使用真实性的问题。

10. 一个问题解决型的研究项目包括建立测评的质量标准和水准，选择并陈述问题，查找和选取资料，撰写研究报告，设计并完成研究项目或是研制出成果(例如，一种模型)，以及对所研究的项目进行口头陈述和答辩。

11. 测评一个项目的质量标准可以根据测评的目的转化为评定量表或是整体性评分指标。

12. 学生应该尽可能地积极参与表述质量标准和准备测评工具。在研究项目开始之前，学生就应该获得所有用于测评的工具。

本章将使读者能：

1. 描述作为测评方式之一的档案测评的优点。
2. 区别历程档案和存档档案。
3. 列举在你的教学实践中应该考虑到的档案条目的类型。
4. 描述在制定一个档案时应考虑的因素。
5. 描述在课堂教学中开始使用档案的步骤。
6. 在你的教学实践中制定一个评定量表对档案进行有条理的测评。
7. 在你的教学实践中制定一个评定量表来评价反映在档案中的学习过程。
8. 在你的教学实践中制定一个整体性评分指标来评价反映在档案中的最终的实作水平。

第九章 档案测评

档案正在成为许多学校进行测评的一种重要方式。在有的情况下，档案被作为实作测评中最基本的，或者说唯一的测评方法。有时，档案是教师进行测评时的又一个有用的工具。档案有选择地收集、整理学生的作品以展示学生的学习过程，这称做历程档案；或者是展示学生优等作品的样本，这称做存档档案。通常的做法是在教育培训项目进行的过程中使用历程档案，在培训项目结束时使用存档档案。这样，存档档案提供了显示学生最终实作水平的作品集。一些学校把存档档案作为高中教育的评价基础。一些州已经在全州范围内用档案来衡量实作表现的一些基本技能。本章将侧重介绍课堂教学中的**档案测评**(portfolio assessment)。

评判学生实作时，各种证据都表明档案能够有效地评价学生的表现。这些证据主要包括各种类型的独立作业(例如，写作、绘画、研究报告、电脑工作表、项目)和书面测评意见、检核表、评定量表、测验分数和会议报告。测评的数据通常也包括学生的自我评价，同伴评价和教师评价(参看专栏 9-1)。

专栏 9-1　学生档案展示的内容

1. 某段时间的学习的进程。
2. 学生目前最优秀的作品。
3. 最好的作品与过去作品之对比。
4. 自我评价能力的发展。
5. 反思学习能力的发展。
6. 个人水平与学习进度。
7. 向家长及其他人展示的学习记录。
8. 教师与学生的合作程度。

学生在选择档案条目和记录档案的过程中起着很积极的作用。这就需要档案里包括很重要的一项，也就是学生以下几项内容的反思：为什么选择记录这个条目，它能说明什么，从中能学到什么，怎么做可以改进实作表现。这些书面的反思使得学生注重学习的过程、进展和知识的增长。

学生积极地参与档案条目的选择可以帮助他们关注成功的实作表现的标准，而他们对这些标准的反思则为他们进行批判性的思考和增强进一步的理解奠定了基础。这些标准也能让学生意识到他们有责任积极参与到学习过程中，这是迈向独立学习的重要的一步。

使用课堂档案的优点

作为课堂学习的一种评价手段，档案有许多独特的优点。

1. 能够清晰地展示一段时间的学习过程(例如，写作、思维或是研究技能方面的变化)。

2. 关注学生的优秀作品可以对学习产生积极的影响(例如，最好的范文，最好的推理和解决问题的范例)。

3. 通过比较现在的作品和原先的作品能够激发学习的动力，这比和其他人的作品相比更有效(例如，认知和技能方面的提高)。

4. 让学生挑选最优秀的作品能够提高学生自我评价的技能(例如，关注良好的实作表现的质量)。

5. 让学生对档案中的每个条目进行评价可以鼓励反思性学习(例如，你为什么认为这是你最优秀的作品?)

6. 调整个体差异的条件(例如，学生依照自己的水平来学习，但必须朝着统一制定的目标迈进)。

7. 将学生的学习进展清楚地告知给学生、家长和其他相关人员(例如，展示和比较在不同时间收集的作品样本)。

8. 在教与学的评价过程中增强教师与学生的合作。

尽管使用档案有诸多优点，但档案的维护和使用是很费时间的。帮助学生选择档案条目，提供对学生作品的反馈，定期检查学生的学习进程需要很多学生与教师间的沟通。简单地收集学生作品并放入一个档案袋中并不能形成有效的档案。制定在教学和测评中都很有用的档案需要非常认真、细致的工作。

使用档案测评的计划

当你在课堂教学中计划使用档案测评时，有一些需要注意的事项。仔细考虑这些因素将会大大提升档案作为教学和测评工具的价值。主要因素有：

1. 档案的目的。
2. 归档的条目种类。
3. 选择和评价档案条目的原则。
4. 档案的维护与使用。
5. 对档案的评价。

下面依次介绍以上各主要因素。

档案的目的

和其他任何的测评方式一样，建立课堂档案的主要目的是让学生学得更好。如先前所述，课堂档案可以通过以下方面达到这个目的：展示学生作品的真实样本，从不同的方面比较作品，展示学习的进展，给学生机会评价他们自己的作品并对此进行反思，向所有感兴趣的人展示学习的记录，并鼓励学生参与学习过程。

虽然档案测评的首要目的是提高学生的学习效果，但是它的第二个目的是让学生对自己的学习负责。这就意味着学生必须积极参与选择归档样本，参与评价档案条目的质量，参与反思所学的内容和如何改进实作表现，参与维护档案和评价档案。当然，所有这些都是在教师的指导下进行的，但是随着学生独立学习能力的提高，教师应该逐步放松控制。

在有些学校，系、学校或区制定的各种要求减少了学生广泛参与的机会。在这种情况下，教师能做的就是在限制范围内，尽量多给学生一点自由。比如，假设任务的性质和测评的质量标准是预先确定了的，教师就给学生提供在框架范围内可供选择的几项任务。

档案的建立有很多具体的目的，也许远远超过我们所讨论的档案测评。例如，档案也许是用来存档的，它仅保存学生最优秀的作品，以此为依据来评定等级，起解释性作用或者永久存放在学生的学籍档案中。档案也可能只收集某些材料，表明学生自我评价技能的发展和成长为独立学习者的历程。档案也可能仅仅收集能够说明研究技能发展的材料。我们强调综合性运用档案在评价学生学习中的作用，但是除此之外，档案还可用于多种目的。因此，弄清楚档案的目的是非常重要的，这将有助于回答以下几个基本的问题：

1. 档案能表现哪方面的认知和技能？
2. 哪种类型的实作任务可以提供所需要的最好的旁证？
3. 谁是档案的使用者？如何使用档案？

归档的条目种类

归档的条目是根据目的、预期的学习效果和结果的用途来选择的。如果是某一方面的档案，比如说写作技巧方面，那么条目就应该规定在一种类型的文章（如记叙文），或不同类型的写作任务（如信件、散文、诗歌），或不同的主题或题材（如科技写作）。写作的草稿和之后的校订稿也都要包括归档。条目的具体类型将取决于教学的目标、如何在教学计划中使用所获得的信息，以及哪些人将可以分享这些信息。

一个更具综合性的档案还将根据教学内容的不同选择各种类型的学生作品存档。例如，在数学方面，档案的条目要包括解题的样本，怎样解决问题的书面说明，数学表和图表，解题的打印稿。科技方面的条目则包括实验研究的例子，实验室技巧，概念性认知的证据，学生自己设计的项目和实地研究。当然，条目的类型会因为档案的目的、年级的水平，教育目标和学校对档案的要求的不同而有所不同。

如前所述，每个条目中都要有一项是学生对该条目的反思。可以设计一些简单的表格，给学生提供问题和回答问题的空间。例如："我做了什么？我学到了什么？我应该怎样提高？"像这样的一些问题可以促使学生思考他们的学习以及承担起学习的责任。

除了条目，档案还应该包括考试分数、检核表、评定量表，以及其他可以用于评价学习的相关数据（参看专栏 9-2）。

专栏 9-2 档案包括的条目种类

1. 学生自己选择的条目（例如，作品的样品，写作范文，绘画，实作任务，项目，评价结果）。
2. 学生对条目的反思：
   2.1 为什么选择这个条目？
   2.2 如何完成这个条目？
   2.3 从这个条目中我学到了什么？
   2.4 需要做什么调整来改进这个条目？

选择和评价档案条目的原则

档案不是储藏学生所有作品的仓库。如果是这样，情况会变得很麻烦而且难以操作。档案的内容应该是某个领域学生最好的作品样本，或者是学习过程中的最新作品。任何情况下，选择和评价档案条目应遵循下面的原则：

1. 条目要和教育目标和档案的用途相符(例如，为了提高学习效率，用于家长会，作为评价学校的一部分内容)。

2. 条目应该提供不同类型的证据(例如，书面的、口述的、展品、项目)。

3. 条目应该根据评价条目的质量标准来选择。

4. 条目应该由学生来选择，或者至少应该有学生参与这个过程。

5. 条目应该具有一定的复杂性，能够让学生进行自我评价，让他们对学习效果进行反思。

6. 条目应该在教学开始时就使用，这样能够更好地反映学习中的进步。

7. 对条目进行评价的根据是评价实作任务的质量标准和水准。

制定评价档案条目的质量标准的程序同前面两章讨论过的制定评价实作任务的质量标准的程序是一样的。质量标准要详细说明哪种类型的实作可以看成是高质量的成果，水准要能够区分实作表现的不同水平。然后，这些质量标准和水准将用于制定评定量表或是整体性评分指标。

质量标准可以通过让学生注意作品中的要素来帮助学生选择、准备和评估存档的样品。例如，上一单元讨论过，测评一个问题解决型项目所需要的质量标准让学生明白做这个项目需要真实的问题，选择和使用不同的资源，写书面报告、准备展品和口头向小组报告。每个环节具体的质量标准清楚地说明怎样评估这个项目，这样就可以给学生的学习提供指导。在质量标准的框架内，学生可以自由选择自己感兴趣的问题。

我们的讨论使我们清楚了为什么需要在授课前让学生了解质量标准和水准的原因。质量标准和水准能够指导如何准备档案条目，能够为学生的自我评价、反思和最终的实作测评提供依据。

档案的维护与使用

档案的条目通常放在文件夹里、笔记本里，或者存放在柜子里。如前所述，档案的条目的数量应该控制在一个可以操作的数目内，这样它们就可以被安排得井井有条，而且方便使用。大杂烩式的收集资料只会严重影响档案使用的效益和目的。

把档案里的条目分栏或是在文件夹的前面放一页目录易于档案的维护，而且当要评价学生学习进步或是给家长作汇报时就很容易找到你需要的材料。每个条目放入档案之前都需要贴上日期和标签。

学生自己要积极地参与档案的维护。档案收集的是学生自己的作品，所以学生应该协助制定一些指导性原则，指导什么东西该归档，样本挑选和如何评价作品样本中表现出来的进步。除非学生积极地参与整个过程，不然他会觉得这不是他个人的档案。

档案要在师生会议上进行定期审查。这样，学生和老师可以一起看档案里的材料，比较不同的评估结果，还可以一起讨论在学习中存在的好的地方和需要改进的地方。档案同样可以被用于家长会，来展示和讨论学生的成就。要想让家长清楚地看到学生学到了什么，最有效的方法就是展示学生真实作品的样本，其他任何一种方法都无法与之相比。

如果学校以前从来没有使用过档案，开始的时候可以规模小一些。一种安全的方式就是建立某个特定领域的档案，比如写作、绘画、解题、实验室工作或其他相关的学习活动。在规定的、定义清楚的任务中使用档案，可以获得实践经验。这样，就可以更轻易地制定目标和质量标准，更容易确定该选择什么样的条目，整个建立档案的过程也更容易操作。一旦在帮助学生选择条目、评估和反思他们的作品、维护档案方面有了经验，那么就可以添加其他的内容和技巧了。

档案条目会因为教学课程的不同和教育水平的不同具有很大的差异，为此在开始设计档案前参看一些关于档案设计和使用方面的资料是明智之举。特别有用的是在某个特殊领域里有的现成的资料，举例说明了质量标准、形式和步骤等方面的做法。书末的参考书目就是一些很有用的样本资料。

对档案的评价

如前所述，和实作测评一样，评价每个用作档案条目的实作任务的质量标准都需要事先加以详细说明。质量标准可以指导如何准备和评估条目，并在实施中尽早告知学生。质量标准通常可以转换成可以用于自我评价、同行评价和教师评价的评定量表或者其他评分指标。关于质量标准的具体说明及其在任务测评中的使用已经在前面进行过讨论和描述，这里就不再赘述。除了对具体的实作进行测评之外，还需要评价档案的构建和学生的总体表现。

对档案构建的评价

评价档案构建的质量标准需要对有效档案的主要特征进行说明。虽然质量标准会因教学内容和教育水平的不同而有所差异，但也有一些适用于所有档案的带有普遍性的质量标准。专栏 9－3 列举了一些评价档案构建时需要考虑的重要的质量标准。

专栏 9－3 评价档案构建的带有普遍性的质量标准

1. 是否清楚地阐明了档案的目的？
2. 档案是否提供了不同种类的学生学习的效果的证据？
3. 档案是否包含了真实情境下综合性学习的效果证据？
4. 档案是否在每个领域都包含了足够的条目进行有效的判断？

续

5. 档案是否包含了学生的自我评价和学生对所学知识进行的反思？
6. 档案是否能让人判断出学生学习的进步和学生现在的学习水平？
7. 档案是否能为档案的使用者提供证明学会学懂的证据？
8. 档案是否能说明学生参与和承担了责任？
9. 档案是否为学生的参与提供指导？
10. 档案中的条目是否安排合理而且具有实用性？
11. 档案是否包含那些基于成功实作且表述清楚的质量标准的测评？
12. 档案是否为教学与评价间更好地互动创造了条件？

像这样的质量标准不仅为建设档案提供指导，还可以发现档案构建中的不足之处。为评价某学科里的档案建设的质量标准应该制定得更加具体，并且要以内容为导向。例如，自然科学课程里，项目二可以这样表述："档案是否提供了证据证明学生掌握了知识、实验室技能和研究技能？"因此，带有普遍性的质量标准可以作为制定与内容更具相关性的质量标准的指南。

评价学生总体表现的档案

除了评价存入档案里的单一的样本外，还需要评价学生总体的表现。测评学年实作表现是否进步和测评最终的实作水平的质量标准提供了制定评定量表或整体性评分指标的依据。

评价学生的进步

评价学生整个学年的进步，评定量表通常比较受欢迎，因为通过它很容易看出学生的优点和缺点。专栏 9-4 是建立在带有普遍性质量标准上的评定量表。

专栏 9-4 档案评定学生的进步

指令：评定以下每个项目，并在相应的数字上画圈。数字代表的分值表示：4—突出的进步；3—良好的进步；2—令人满意的进步；1—令人不满意的进步。

学生进步的程度：

4 3 2 1	概念理解
4 3 2 1	知识运用
4 3 2 1	推理能力
4 3 2 1	写作技能
4 3 2 1	表达技能
4 3 2 1	解决问题的技能
4 3 2 1	实作技能
4 3 2 1	计算技能
4 3 2 1	电脑技能

续

4 3 2 1	自我评价技能
4 3 2 1	反思技能
4 3 2 1	工作研究技能
4 3 2 1	独立学习技能

很显然，我们范例评定量表里的条目是一些大致上的条目，但是它们说明了准备这种形式的测评工具时需要考虑的条目类型。所要包含的具体项目将由所教的学科、预期的学习效果和档案的用途来确定。例如，写作档案的条目就要注重提高具体的写作技巧(例如，措词、句子结构、文章结构、思想的表述等等)。语言艺术档案不仅仅要包括写作技能方面的具体条目，而且还要包括阅读技巧、阅读理解和听说技能方面的具体条目。然而，除了符合学科性质的具体条目之外，仍然还要考虑一些带有普遍性的质量标准。自我评价技能，进行反思的技能，还有独立学习的技能，这些是所有学科教学中都感兴趣的问题。

在评价学生成长方面，档案独特的优势在于档案里的条目为整个学年学生表现的变化情况提供连续性的证据。当要判断学生进步的程度时，可以对学生的表现进行检查和再检查。评定量表提供了一个方便的地方来记录评定结果。就像进行单项测评一样，学生也可以用评定量表来判断自身整体性的提高。如果需要，还可以把自己的评定结果和老师的评定结果进行比较。

评价学生最终的实作水平

评价学生最终的实作水平，我们通常选择整体性评分指标。在此，我们感兴趣的是对每个学生最终实作表现的总体印象。如果档案只涉及某项教学内容，如记叙文写作，那么一套评分指标就够了。然而，许多课程都需要多套评分指标。例如，自然科学课程，对科学概念的理解、概念和方法的运用、科学研究的技能，还有研究过程技能都需要单独的评分指标。如果是数学课，概念理解、解题能力、推理能力、在通讯技术中运用数学的能力都分别需要一个单独的评分指标。

为全面评价学生最终的实作水平制定评分指标是很费时的，但可参看以下步骤。

1. 为每个评分指标准备一份质量标准的清单。这里，回顾一下教学目标和测评档案条目的质量标准会很有帮助。对于全面评价档案中学生最终的实作水平，有一个问题就是选择有限的质量标准，一般六项就可以了，或者更少一些，这样评分指标就不会太繁琐。这就意味着，要特别关注那些评判实作质量最重要的质量标准。通常的程序是先阐述你认为重要的质量标准，然后参看资料，综合一下，最后列出主要质量标准的清单。

2. 选择实作表现水平类型的数量。比较好的做法是先选四个类型，如果需要更精细的划分，可以扩展到六种或者八种。但描述四种以上实作表现的不同水平通常是比较困难的。专栏 9－5 使用了四个种类，可以用作制定整体性评分指标的指南。常使用的种类标记和描述质量标准的术语是从不同内容领域中当前广泛使用的评分指标中收集到的。这份清单并不是详尽的，也不能不经思考地拿来使用，但是开始时会对你很有帮助。

专栏 9－5 制定整体性评分指标指南

分值	类型说明	表述质量标准常用的术语	
4	示范性的	精细	透彻
	高级的	广泛	深入
	出色	全面	优雅
	优秀	独特	敏锐
		清楚	高效
3	令人满意的	合适	大部分
	良	一致	清楚
	能胜任的	相关	准确
	好	可接受	概括
		详细	多样化
2	最低要求	释义	不一致
	及格线	浅薄	不完整
	边缘	有限	基础
	尚可	薄弱	初级
		最小	普通
1	不满意	琐碎	不连贯
	不充分	不清楚	不足
	不完整	模糊	结构混乱
	差	笼统	不相关
		不精确	缺乏深度

3. 根据公开发表的文献资料改编评分指标。有关档案和评分指标的文献材料提供了很多不同教学领域内的评分指标的范例，这些评分指标可以经改编后用于对学生实作的总体测评。鉴于制定整体性评分指标存在困难，比较好的启动方法是选择那些看起来最适合的评分指标，并通过改编质量标准，使之符合你特定的教学情况和档案

类型。完成后，检查一下，确保它们都适合你使用。

4. 检查你制定的评分指标是否有预期的功效。当你制定好一套评分指标，试着用它来评价学生的档案样品。这将有助于你确定这些质量标准是否侧重于实作表现中的最重要的方面，是否能够清楚地区分不同的实作水平。这里，你只需要做一些适当的调整就可以。

要点小结

1. 档案是经过挑选和整理的学生作品集，其目的是展示学生学习的过程（历程档案）或保存学生最好的作品（存档档案）。

2. 两种类型的档案在课堂教学中都很有用。历程档案突出的是学年里学生的成长过程，存档档案说明的是学生最终的学习水平。

3. 档案测评的意义在于提供大量的证明学生学习效果的证据，对学生作品样本的实际运用，学生积极参与选择档案条目和维护档案的过程，以及所包含的大量不同种类的评价数据。

4. 课堂教学中使用档案特有的优势在于它展示了学生作品真实的样本，可以把不同领域的作品和一段时间的成长进行比较，给学生机会对自己的作品进行评价和反思，给所有感兴趣的人提供清楚的学习效果的证据，还给学生提供更多的机会，让他们参与到教—学—测评的过程中来。

5. 计划使用档案就要明确档案的用途，确定档案条目的种类、选择和评价条目的原则，维护使用档案的程序，对档案进行全面评价的质量标准。

6. 使用档案的主要目的是提高学生的学习效果，另外一个目的就是激励学生更积极地参与到学习的过程中，对自己的学习更加负责任。这是成为一个独立的学习者重要的一步。

7. 评价档案的构建可以通过考虑诸如档案的构成、安排和内容等一系列问题来完成。

8. 全面评价档案反映出的学生进步可以使用评定量表，评定量表重点关注需要靠档案来测评的学习结果。

9. 学生实作的最终水平可以使用整体性评分指标确定，该指标是针对教学各阶段的主要内容分别制定的。

本章将使读者能：

1. 区分绝对评级和相对评级。
2. 描述怎样选择一个合适的标准来评定等级。
3. 解释为什么不能将学习能力、学习进步和努力程度作为评级的有力依据。
4. 描述和论证你在教学中使用的等级评定系统。
5. 示范如何正确地衡量一个等级的构成要素。
6. 讲述评定及格或不及格的理论基础。
7. 向学生描述你评定等级的步骤。
8. 向学生和家长汇报学习进展情况。

第十章 等级评定与报告

学生的成绩等级应该反映教学目标(如预期学习效果)完成的情况,并且应该与学校的等级评定政策一致。一些学校有明确的教学目标和详细的等级评定政策,而大部分学校却什么也没有。无论有没有明确的政策或步骤,等级评定都是一项困难而且令人困扰的任务。如果在授课过程中收集了有效的可以证明学习成绩的证据,那么等级的评定就相对容易些。

教学过程中的对学生学习的测评可能会采用客观题考试、论述题考试、评定等级、写论文和各种类型的实作测评。评定等级的问题就在于如何将诸多的信息概括为单个的字母等级或是简要的报告。由于用字母评级(例如 A、B、C、D、F)是最常用的等级评定系统,我们将着重讲述如何很好地评定这些等级。这就需要重点考虑以下几个方面的因素:(1) 用什么样的标准来衡量学生的实作表现水平?(2) 如何综合实作表现的数据来评定等级?(3) 制定一个最有效、最公正的等级评定系统需要遵循哪些原则?下面将对以上这些问题依次进行讨论。

选择评定等级的依据

用字母评级一般是将学生的实作表现与规定的标准(绝对评级)或者与整个群体的实作表现(相对评级)进行比较,然后评定出等级。有时候，可以根据学生的学习能力，教学期间学生学习进步的程度，或者学生的努力程度来评定等级。但是后面我们会发现，仅依据这些因素来评定等级是不够的。

绝对评级

绝对评级(absolute grading)是一种常见的用百分制定义、用字母表示等级的评级方式。无论是对单次测验的分数进行分级或是用字母对一门课程的最后得分进行评级，字母等级和分数的关系可以是如下对应关系中的任意一种：

分数	分数	分数
A＝90～100	95～100	91～100
B＝80～89	85～94	86～90
C＝70～79	75～84	81～85
D＝60～69	65～74	75～80
F＝60 分以下	65 分以下	75 分以下

如果是单次测验，那么百分制的评分系统反映的是答对题目的百分比或者考试所得的总分。评定最终等级的时候，百分制一般是多次测验和其他测评成绩的总评分。无论怎样，百分制都是用字母评级的绝对依据。

哪组分数是最好的评定等级的依据？这个无从而知。分数的分布是任意的。然而，不管如何分布，分数段评定的根据应该是教师的教学经验、过去的学生群体、对预期学习效果难度的把握、测验和其他测评的难度、学习条件等等。可是，这些都是主观评价，学生得 A 或得 F 的比例的变化是难以判断的。得 A 的学生人数增多就能反映教师教学效果提高和学生学习习惯变好，还是考试题目简单和评定标准松呢？不及格的学生人数多就说明教学水平差、学生不努力或者测评的难度偶然加大吗？

尽管给绝对评级系统制定有意义的标准是个头疼的问题，但绝对评级方法还是广泛运用于各个学校。绝对评级最适合运用在那些具体的学习任务中，这些学习任务有相应的标准，测验和其他测评手段都是为了做好标准参照评价。然而，大多数情况绝对评级的依据是没有定义清楚的学习效果的“大杂烩”。如果分数的分布不能和等级表对应，那么就要用一些模糊的方法来将分数进行向上或向下调整，使分数的分布和等级表更加符合。毋庸置疑，这样的等级并不能提供有意义的报告来说明学生的学习成绩是否达到预期的要求。

相对评级

相对评级(relative grading)指在相对的基础上评定等级时，一般是根据学生实作表现(测验分数或综合各种测评的结果)的排名顺序来评定等级的。排名最高的学生得 A，其次是 B，以此类推。各个等级的学生的比例是预先就决定了的，如：

	学生比例(%)	学生比例(%)
A	15	10～20
B	25	20～30
C	45	40～50
D	10	10～20
F	5	0～10

在相对评级中每个等级学生的比例和在绝对评级系统中给每个等级赋予多少分数一样，都是人为设定的。人们可能更偏爱使用百分比极差(例如，A＝10%～20%)，因为这考虑到了一个班级中学生能力的层次差异。一个普通班和一个天才班，两个班级都有 15%的学生得 A，这并没有什么意义。同样的，在一个高级课程里，得 A 和得 B 的学生应该占大多数，得 F 的学生(如果有)应该较少，因为那些学习成绩不好的学生已经在前面的课程中被“淘汰”了。当学校规定了这些比例，你就没有选择，只有遵循学校的做法——至少等到改革成功。

较早的有关测评的书籍建议用**正态曲线**(normal curve)来评定等级。这导致 A 和 F(例如，占 7%)还有 B 和 D(例如，占 38%)有相同的比率。虽然一些教师可能还在使用这样的系统，但我们并不提倡。首先，一个班级里各个小组学生的学习成绩很少呈正态分布。还有，总是要维持各个等级的相同比例，特别是不及格的等级，这样做并没有考虑到一个事实，那就是学生将越来越优秀，因为不及格的学生会留级或中途辍学。

相对评级系统要对学生进行可靠的排名，所以，成绩测评所提供的分数的差异越大，相对评级就会越有意义，就可以确定等级间的分数线，同时可以保证将错误的等级评定降到最小值。当然，理想地来说，分数的分布应基于所学知识的难度和复杂度。例如，A 不能简单表示对事实性的知识有更好的掌握，而应该反映高水平的理解能力、运用能力和思考能力。因此，虽然使用了常模参照评价，但是等级的真实含义要依照每一个等级代表的成绩确定。参看专栏 10－1，绝对评级和相对评级的比较。

专栏 10－1 绝对评级和相对评级

绝对评级

优点

1. 等级可以直接根据学生本人的成绩来评判，无需参考其他同学的成绩。
2. 如果强调的是对知识的掌握，而且教学效果好的话，那么所有的学生都可以获得较高的等级。

缺点

1. 分数标准的制定是任意的，所以很难使其具体化，也很难证明其合理性。
2. 分数标准会随着测验的难度、任务、学生的能力和教学效果的变化而变化。
3. 评定等级可以不参考学生的成绩(当然，也不应该参考)。

续

相对评级

优点

1. 根据小组里的排名情况,很容易描述和解释等级。
2. 等级能区别不同学生的学习水平,这对预测和作出选择颇有用处。

缺点

1. 每个等级包含的学生比例是任意确定的。
2. 等级的含义会随着学生群体能力的不同而变化。
3. 评定等级可以不参考学生的成绩(当然,也不应该参考)。

学习能力、学习进步和学生的努力

在有的情况下,人们会把学习成绩的等级和学习能力,成绩的进步,或是学生付出的努力相联系。这些做法都会产生歪曲等级的含义的问题。

在学习的初级阶段,有时会根据学生的**学习能力**(learning ability)来评定等级。这样可以鼓励那些能力较差的学生。乍一看,把 A 给那些有能力学完他们能学的东西的学生,这种做法似乎是合理的,然而存在两个主要的问题。第一,除开成绩外,很难对学生的学习能力作出可靠的评价。两份测验都会采用类似的题型和测量相似的概念。第二,等级的含义会失真。一位能力低下但获得平均分的学生,也许会得 A;而一个能力较强但只获得平均分的学生,则得了 C。显然,这时候等级已经不能很好地说明学习成绩。

根据学习进步的程度来评定等级,同样也存在问题。一方面,短时间内,不同的成绩测评获得的不同分数并不十分可靠。另一方面,因为进步的不明显,在入学考试中获得高分的学生日后不一定能得到高分。当然,对于那些提前知道这种等级评定方法的学生,他们在第一次考试时考得很差,可以确保获得相当高的等级。这种做法在基于学习进步的程度来评定等级时是很常见的。最后,当学生成绩的提高变得比成绩本身更重要时,能够说明成绩的等级就失去意义了。例如,一个成绩较差的学生取得了相当大的进步时就会得 A,而一个成绩较好的学生进步不明显时就会得 B 或 C。

根据学生的努力程度来评定等级,或根据学生的努力程度来对等级进行调整,同样会歪曲结果真实的含义。学习成绩不好的学生因为刻苦努力得到比他们实际成绩更高的等级,而学习成绩好的学生因为不努力就有可能得到比应得等级更低的等级。虽然这样评定等级的方式似乎可以激励那些学习成绩不好的学生,但是它却衡量不出学生的学习成绩是否达到了预期的要求。

总之,评定等级时把学习能力,进步的程度或者学生的努力程度作为考虑的因素,只会影响和歪曲等级的真实性,使其不能很好地表示学生的成绩。当用字母等级表示学生的成绩时，字母等级才体现出它的作用。其他的因素可以在报告卡中单独进行评价，但是不能因为这些因素而歪曲字母等级的意义。

绝对评级和相对评级的综合运用

等级应该代表学生学习达到教学目标（例如，预期的学习效果）的程度。有些教学目标是进入下一阶段学习之前必须达到的最低要求。其他目标则是一些不可能完全达到的学习效果，但是学生会朝着这个目标迈进，取得不同程度的进步。第一种称之为**最低目标**（minimal objectives），第二种则称之为**发展目标**（developmental objectives）。

最低目标是一门课程在知识、技能和其他较低层次学习效果方面的最低要求。为了获得及格的等级，学生必须展示他们对进入下一阶段学习要求掌握的基本知识和技能的学习已经达到了令人满意的程度。发展目标关注的是更高层次的学习效果，像理解技能、运用技能和思考技能。虽然我们可以根据发展目标来判断进步的程度，但是我们不能期望完全达到这些目标。例如，在自然科学课程中，我们可以期望所有的学生都掌握基本术语、概念和技能，但只能鼓励每一个学生都能尽其所能地理解和应用科学的方法，培养科学家所具备的知识技能。同样的，在数学课程上，我们可以期望所有的学生都掌握基本的运算，但我们并不指望每一个学生都展示出多样化的解题技能和进行数学推理的能力。在所有的教学领域，都有要求所有学生掌握的最低目标和提供较高层次的奋斗目标，后一种目标往往是不可能完全达到的。因此，对于最低目标来说，我们试图让所有的学生都达到一个较高的水平；而对于发展目标，我们则鼓励每一个学生为取得最大的进步尽力而为之。

如前所述，最低目标达到已否可以用做衡量及格和不及格的依据。如果学生已经达到最低目标，并为下一个阶段的学习作好了准备，那么就应该被评定为及格；那些没有达到要求的学生则不及格。这里需要用绝对等级进行判断，而不是相对等级。不能因为学生的成绩处于一个小组的末端而判定这些学生为不及格，重要的是成绩本身。

及格线以上的，应该在相对的基础上来评定等级。这是因为学生的分数分布处于最低水平之上的各个不同发展层次。我们不期望学生能够掌握发展目标所规定的更为复杂的学习效果，但是他们会取得不同程度的进步。虽然，如果有一个从简单到复杂的成就量表将会比较理想，这样就可以使用绝对评级，但目前是不可能实现的。我们能做的就是根据学习效果的复杂性来评定学生的成绩，并且使用相对评级。如果做得好，A 就可以反映出学生更好地达到了更高层次的学习效果，而不仅只是处于小组中靠前的位置。当然，这要先看测验和其他测评手段测量的是不是从简单到复杂的成就，还是仅仅是对事实性的知识和简单技能的测量。

大多数情况下，学校会制定等级评定的政策，包括评定等级的依据。不管使用什么系统，将等级与学生成绩联系起来是很重要的，这样不同的等级才能反映出不同的成绩。不以学生成绩为参照的字母等级评定方法是没有意义的。

综合数据来评定等级

一般来说，评定等级要综合各种类型的测评的结果，包括测验、项目、论文和实验。如果每一项都要在评定等级时根据其相对的重要性予以考虑，那么综合数据时应该有适当的权重。例如，如果我们想让测验分数占 50％，论文占 25％，实验占 25％，那么我们就需要用某种方法来评定等级，而且让所评定的等级能够反映出这种权重。如果所有的测评结果都事先转化成数字，那么评定等级的过程就简化了，接下来就只需按照系统的程序来综合分数即可。

综合分数，使每一项都占有一定权重，这并不像看上去那样简单。一般的做法是：如果两项占有相同的权重，我们就只需要把分数相加；如果其中一项所占权重是另一项的两倍，那么这一项的分数就要乘以 2。即使每组的最高分相同，这种方法一般来说也不能使每一项都得到自己该有的权重。在一个总评的分数中，每一项所占的权重是由该项分数的分散程度或变化的度量来决定的，而不是由总分来决定。

一个简单的例子可以说明在总评分数时如何增加权重的问题。假设我们仅有两种测量成绩的方法，我们让它们在等级评定中的权重相同，两组成绩的分数范围如下：

测验分数：　20～100
实验分数：　30～50

如果我们只是把学生的测验分数和实验分数相加，学生得到的等级很大程度上将由测验分数决定，因为测验分数的分散程度大。下面的例子可以说明这一点。我们将一个测验得了高分、实验得了低分的学生（学生 1）和一个测验得了低分、实验得了高分的学生（学生 2）进行对比。

	学生 1	学生 2
测验分数	100	20
实验分数	30	50
总评分	130	70

很明显，总分里各项的权重是不均衡的。

面对这样两组测验和实验的分数，教师试图通过使最高分相等的方法给测验和实验增加相同的权重是很常见的做法。当然，将实验分数乘以 2，让两种测评的满分都是 100 分，就可以达到目的。下面就运用这种方法对两个假想的学生的总评分进行比较：

	学生 1	学生 2
测验分数	100	20
实验分数(×2)	60	100
总评分	160	120

总分显示,即使我们让最高分相等,测验和实验在总分中的权重还是不均衡。如前所述,一种测评方式对总分的影响取决于分数的分散程度或变化的度量。因此,分数越分散,它在总分里的值就越大。

我们可以利用分数**极差**(range)来使两组分数在总评分中的权重相等。测验分数的极差是 80(100－20),实验分数的极差是 20(50－30),因此我们要将每一个实验分数乘以 4 来使分数的分散程度相一致。这样,就可以使测验分数和实验分数在总评分中有相等的权重了。下面是我们两个假想的学生的总评分:

	学生 1	学生 2
测验分数	100	20
实验分数(×4)	120	200
总评分	220	220

最后,我们知道了如何在总评分里给两种测评以均衡的权重的方法。注意,如果我们想要测验分数是实验分数的两倍,那么就把测验分数乘以 2,实验分数乘以 4。然而,如果我们想要实验分数是测验分数的两倍,我们就得将每一个实验分数都乘以 8。因此,我们最初把实验分数乘以 4 时,仅只是调整了实验分数的分散程度,使之和测验分数的分散程度相一致。当两组分数有了相同的极差,我们就可根据它们相对的重要性来分配额外的权重(见专栏 10－2)。

专栏 10－2 计算供评定等级的总评分

1. 选择总评分里包含的测评项目并分配比例。
2. 记录下给每项测评结果"期望的"权重值。
3. 使用乘数来使分数的极差一致。
4. 用"统一极差的乘数"乘以"期望的权重"的方法确定每个分数的权重。

测评项目	期望的权重	分数极差	统一极差的乘数	给每个分数的权重
1. 测验分数 50%	2	20～100	1	2×1=2
2. 实验分数 25%	1	30～50	4	1×4=4
3. 家庭作业 25%	1	0～10	8	1×8=8

续

计算总评分

学生	原始分数			加权分数			总评分
	1	2	3	1(×2)	2(×4)	3(×8)	1(权)+2(权)+3(权)
盖恩	93	42	8	186	168	64	418
德里克	84	45	10	168	180	80	428
玛利亚	85	47	7	170	188	56	414
乔纳斯	95	35	10	190	140	80	410

注意：德里克得了最高分，但是如果只是把原始分数简单相加，即使是将测验分数乘以2(期望的权重)，德里克的总评分也是最低。那是因为分数极差最大的测评项目对总评分的影响最大，除非经过调整来使分数的分散程度一致。比较乔纳斯和德里克的原始分数和总评分。

分数的极差仅只提供了分数变化度量的近似值，但是对于大多数课堂的等级评定，这已经令人满意了。**标准差**(standard deviation)可以为权重等级中的各项提供更可靠的依据。

有的教师计算总评分的方法是先把所有测验分数和其他测评成绩转化成字母等级，再把字母等级转化成数字(例如，A=4，B=3，C=2，D=1，F=0)，然后取它们的平均值作为最后的等级。按照这样的方法，会出现信息的流失，因为数据被减少到了五种。例如，一个得高分段A和高分段B的学生和一个得低分段A和低分段B的学生也许会获得相同的等级。为了解决这个问题，就需要使用"＋"和"－"(例如，A＋＝12，A＝11，A－＝10，B＋＝9，B＝8，B－＝7等)。这样虽然有了更多的数据种类，但仍会流失部分信息。更好的解决方法是，所有的测评都使用数字分数，然后将这些数字综合，计算出总评分，最后再来评定等级。

有效、公正地评定等级的原则

等级评定要能对学生的成绩进行有效的测量，要能够具备超越课堂教学之外的意义，要能够让学生觉得公平，这些是教学过程中虽然困难但是非常重要的部分。以下是大致的框架性的几条原则，帮助我们弄清楚并规范等级评定的任务。

1. 开课时就告知学生你将使用什么方法和步骤来评定等级。这包括最后评定出的等级包含哪些项目(例如，测验、项目、实验)，每一项的权重是多少。还应包括每个字母等级对应的学生成绩之类的描述。最好发给学生一份描述性的讲义。

2. 等级要根据学生的学习成绩，而且只能根据学习成绩来评定。等级应该能够反映学生的成绩在多大程度上达到了预期的要求。它不应该受到诸如学生的努力程度、拖沓、不良行为或其他与成绩无关的因素的影响。这些因素可以单独说明，但不能影响成绩的等级。如果评定等级时考虑这些因素，等级就不能真实地反映学生的成绩。

3. 等级要根据大量有效的测评数据来评定。通常，等级虽然不完全，但主要还是应该根据测验的分数来评定。如果等级要真实地反映学生的成绩，那么就应该对所有重要的学习效果进行测评，而且这些测评结果最后要纳入等级评定中。对论文、项目、实验的测评结果并没有客观测验的分数那么可靠，但是不加考虑又会大大降低等级的效度。

4. 将分数进行综合处理用于评定等级时，使用恰当的加权方法。如前所述，单个的测评项目对总评分的影响取决于该项目分数的分散程度和变化度量。因此，将分数进行综合处理用于评定等级时，就必须确保在权重、综合分数前，分数的分散程度是统一的。

5. 选择恰当的等级参照构架。如果教学是基于掌握知识，那么就有必要用绝对标准来评定等级，并且凭知识掌握的程度来界定等级。对于常规的课堂教学，及格和不及格的区分是绝对的，及格线以上的等级的评定应该根据学生在班级中的相对位置进行。然而，这些相对的字母等级要以学生的学习效果为参考，这些学习效果从简单到复杂。

6. 通过再次检查所有的成绩依据，复查处于及格线的情况。给每个等级确定及格线时，一般会有一个或两个学生处于及格线之下。测量的误差往往会导致学生刚好低于(或高于)这个及格线。当然，工作人员的计算错误会导致总评分计算错误，或者总评分会因为一次测验分数较低而受到影响，而这次测验成绩不好是由于生病或其他不相关的原因。无论如何，复查处于及格线的同学的数据，并作出必要的调整是明智的做法。当拿不确切时，公正的等级评定方式往往是偏向于给学生较高的等级。

虽然，我们在本章主要介绍等级评定，但这并不表明我们应该给学生所有的作业和各类活动都评定等级。如果侧重点是查找和克服学习中的失误，而不是评定等级的话，将小测验、书面作业和做项目作为学习手段通常会更有效。形成性评估强调的就是测评结果的这一功能。然而不管评定等级还是没有评定等级，对学生成绩的所有测评都应包含对测评结果进行有效反馈的计划，以及如何提高学习效果的建议。等级评定是教学工作中一项重要而且必不可少的任务，但它却是第二位的，我们的首要目标是——提高学生的学习效果。

向学生和家长报告

学校的学籍一般要求使用字母等级，但学生和家长却需要更加详细的报告来描述学生的成绩。一种办法就是采用报告的形式，给每门课程各项主要的学习效果逐项评定等级。专栏 10－3 是一个自然课成绩报告的例子。如果列出各项主要结果的具体学习效果,该报告就会提供大量的信息。如果在开课之初就对教学目标和具体的学习效果作过详细的说明,通常是要求这么做的,那么报告单就很容易处理,而且可以在开课时就向学生展示。不要列出一份冗长而又繁琐的清单,这会让学生受不了,也会让家长感到难以理解。建议成立一个包括教师、学生和家长的委员会,这个委员会可以为你、院系或者整个学校做出令人满意的等级评价报告。

专栏 10-3 自然科学课成绩报告

画圈的数字表示学生在各个主要学习效果的测评项目中的实作表现。数字等级的分值界定如下:

4—优秀
3—好,但仍需改进
2—差,需要再学习
1—没有达到预期的结果

4	3	2	1	(a) 知道科学术语和事实
4	3	2	1	(b) 理解科学概念和过程
4	3	2	1	(c) 在新情况下运用学到的科学知识
4	3	2	1	(d) 展示推理能力
4	3	2	1	(e) 展示研究技能
4	3	2	1	(f) 展示熟练的实验技能
4	3	2	1	(g) 解答自然科学里涉及的数学问题

一份完整的报告单应该包括填报成绩等级的空格(该等级不受学生的努力程度、拖沓、不良行为或其他类似因素的影响),单独为学生的努力程度评定等级(如果需要),还需要列出要评定的预期的学习效果、学生的学习习惯和个性特征等。字母等级用来对学生的成绩作总的测评是很有用的,而且字母等级比较方便管理。但是,对预期的学习效果和相关特征作出的等级评定可以用于提高学生的学习效果、改进教学方法以及向学生和家长汇报学生的学习情况。

使用档案

如第九章所述,没有一种方法比档案更能说明学生的学习成绩。收集起来的学生作品样本向学生和家长清楚地展示了学生学习的内容和学生对这些内容的掌握程度。在学生和家长的座谈会上,你可以对学生成绩作总结性介绍,并用实际的学生作品样本来加以证明。这样才能提供一份综合的、完整的学生成绩报告。座谈会还提供一个进行双向交流的机会,学生和家长可以要求对某一点进行解释,并讨论如何提高学生的实作水平。

如果学校不使用档案,学生和家长讨论学习进程和成绩水平时,运用学生的作品样本仍然是一种明智的做法。学生的作品样本,结合前面提到的报告单,在说明学生成绩时是非常有用的。

要点小结

1. 等级应能反映预期学习效果的完成情况，不能受其他因素的影响。

2. 等级的评定应符合学校的等级评定政策和程序。

3. 绝对评级需要有预先制定的标准，该标准基于明确表述的学习任务；还需要有标准参照评价的基准。

4. 如果教学是基于掌握知识，就应该使用有明确及格分数的绝对评级方法，并且必须表述清楚选定这个及格分数的理论依据。

5. 相对评级是基于小组成员的排名，但是相对等级仍然应该依据内容评定。较高的等级代表较高层次的理解技能、运用技能、思维技能和实作技能。

6. 使用相对评级时，及格和不及格的判断仍然应该是绝对的。重要的问题是：学生是否达到了下一阶段学习所需知识和技能的最低要求？

7. 等级评定系统基于最低目标(决定及格已否)和发展目标之上，目标根据所学知识的难度和复杂程度把学生分层，很好地协调了传统课堂教学中绝对评级和相对评级的关系。

8. 根据学生成绩评定等级时，考虑学生的学习能力、进步的程度和努力程度只会使等级失去其作为测量学生成绩指标的真正意义。

9. 等级应建立在对学生成绩有效的测量上。设计出能够测量预期教学结果的测评工具可以保证试题的效度，甚至在命题和采用其他测评方式时都要考虑效度。

10. 等级应该基于对学生的各种成绩的测评结果之上。除了测验分数，还应用各种形式的实作测评加以补充，这些实作测评可以更直接地测量预期的教学结果(如作文范本，实验作品)。

11. 对于构成最终等级的各个项目，在根据这些项目的重要性来设置权重之前，应该先调整各个项目分数的分散程度。

12. 处于及格线情况的学生应该得到更多的关注，并给他们评定较高的等级，除非对成绩的复查得到相反的结果。

13. 学生的态度、努力程度、不良行为和其他影响成绩的因素可以单独进行评定，但不应该影响成绩的等级评定。

14. 一些测验和测评方式可以用于学习，并不需要评定等级(例如，测评学习效果的形成性评估)。

15. 给学生和家长报告时，需要告诉他们学生在多大程度上达到了预期的学习效果。详细的成绩报告和档案都将有助于达到这一目的。

16. 无论使用什么样的方法来评定等级和汇报成绩，都应在教学开始之初让学生清楚评定等级和汇报成绩的步骤。最好发给学生一份描述性的讲义。

本章使读者能：

1. 区分标准化测验结果的常模参照解释和标准参照解释。
2. 了解一个标准化成绩测验的基本特征。
3. 解释用于常模参照解释的每一个分数的意义，以及在解释每个分数时列出应该注意的关键点。
4. 了解怎样根据平均分和标准差计算出标准分。
5. 会在标准分之间、标准分与百分等级之间进行转换，使用正态曲线。
6. 解释九段评分系统和了解使用它的好处。
7. 了解用标准化测验产生标准解释的过程。
8. 在标准化测验中用标准参照解释时，列出应该注意的关键问题。

第十一章 标准化成绩测验分数的解释

标准化成绩测验作为一种判断学校教学水平的方法，已经广泛地运用于学校。标准化成绩测验结果常以常模参照作出解释，即把测得的学生成绩与常模组有代表性的样本中的学生成绩进行比较（例如，在国家水平、省级水平或市级水平的学生）。过去，标准化成绩测验以选择题，主要是多项选择题作为试题。近年来，标准化成绩测验进行了改进，也采用标准参照作出解释（例如，通过每个任务中包括更多的题目，通过使用自由回答式的题目，以及通过题目组的方式为解释提供依据）。对两种解释类型，我们都将依次进行讨论。

如果这些测验将在教育计划中发挥作用，那么能够解释各种类型的常模参照的测验分数和能够理解标准参照解释是怎样用于标准化测验的都很重要。当然，很好地理解它们，能够向学生和家长进行解释也很重要。从开始就应该记住，常模参照解释表明一个学生与其他学生成绩相比所处的相对水平，而标准参照解释则描述了一个学生所能达到的目标。

标准化成绩测验的特征

标准化成绩测验的设计用于确定在已定目标的基础上学生达到了什么水平。结构完善的标准化成绩测验有下面几个典型的特征：

1. 测验的内容基于广泛使用的教科书和课程指导。
2. 测验的题目是通过咨询了测验专家和学科专家后编写的，并且基于一套清楚的规范。
3. 测验题目要经过试测、总结、难点分析和区分权重，以及校正或删除等步骤。
4. 最终的题目组成是以测验标准为基础而选择出来的。
5. 测验实施和记分的说明有严格的规定。
6. 从国家、地区或州选择学生进行施测，建立常模用于解释测验的得分。
7. 测验的最终形式要附带测验手则一并出版，手则描述测验方法的特点和施测的过程、记分、解释，以及结果的运用。

这样，一个标准化测验测量了一组主要基于教育的标准化的结果，使用标准的指导和标准的记分过程，并且把学生的分数和与之相似的学生在同等条件下测得的分数进行了比较。如果一套测验被使用，那么在相同的常模组，所有测验都是标准化的，一个学生的成绩在不同测验中也可以作比较。例如，对于一个基本技能，我们可以确定一名学生在阅读、语言和数学成绩上的相对水平。对于类似形式的测验，我们也可以通过一系列成绩的水平来检查学习过程。所有这些常模参照解释和标准化测验分数的比较都要求能理解不同类型的测验分数，而这些分数是用来表示学生的测验成绩。

常模参照分数的解释

一个测验中学生根据要求得到的分数称为**原始分数**(raw score)。在一个班级测验中，它代表学生回答正确的题目数量。虽然原始分数被用于班级测验中，但是标准化测验的解释和比较要求把原始分数转换为某些类型的**导出分数**(derived score)。例如，对两个不同测验成绩的比较(如阅读和数学)，要求两个科目的测验都用一样的测验标准。用原始分数比较是不行的，因为两个测验可能在题目数量上不同，并且题目也是不一样的。通过把两个测验的原始分转换为相同的导出分数，那么才有一个共同的基础来比较二者的成绩。虽然有很多不同类型的导出分数，但是在学校成绩测验中使用最普遍的几种是：

1. 百分等级
2. 年级等价成绩
3. 标准分

在标准测验中，一个标准化测验的原始分数被转换为导出分数。这需要得到一个与即将受测的学生相似的样本，即**常模**(norms)组。例如，全国的常模，应该包括来自不同地方的学生，农村和城市的学校，以及不同规模的学校。男女生的比例要平衡，社会经济水平和种族情况都要考察。这样，全国性的常模应该尽可能囊括全国的学生。

同样，在获取地区、州和特别群体(如私立学校)的常模时，也应按照此规则。尽管获得常模组有章可循，然而，已得到的学生样本仅仅只是接近理想的样本，因为它受到某些因素的限制，如需要被选学校共同实施测验，以及时间上的限制。

常模组确定之后，进行施测和记分，把原始分数转换为导出分数，并且附在测验手册的常模表中。表格的列对应地表示出原始分数和导出分数，以便于通过查看表格的每一行，就能把原始分数转换为导出分数。当然，如果用计算机评分的话，将同时给出原始分和导出分。

在使用一个标准化测验得到导出分数之前，仔细考虑一下常模组的特点是明智之举。常模组为解释学生成绩提供了一个相关的比较基础了吗？常模组是怎么得到的？获得常模是在什么时间？当常模和测验对象是有关系的、有代表性的和最新的时，我们可能获得最有价值的测验分数的常模参照解释。

最后要注意一点，不要把常模组的分数看做目标或标准。它们只是对测验而言具有代表性的那些学生的分数。它们有助于解释和比较测验成绩，但它们并不代表学生应该达到的水平。它们是在普遍的或有代表性的学校得到的普遍的或有代表性的分数。

百分等级

百分等级是最容易理解和最容易向家长解释的分数。百分等级表示学生的成绩在某个团体中的相对位置，即等于或低于某一特定学生的成绩的其他学生所占的百分比。例如，如果原始分数 33 相当于百分等级 80，那么它意味着该团体中 80％的人原始分数等于或低于 33 分。通过把原始分数转换为百分等级，原始分被放到一个与不同大小的受测团体和不同长度的测验具有相同意义的衡量尺标中。

为了更清楚地阐明百分等级的意义，表 11－1 说明了原始分数是怎样转换为百分等级的。下面给出的步骤说明了这个过程。

表 11－1　一个 40 道测题的客观测验的频数分布和百分等级

1 测验分数	2 频　数	3 累积频数	4 百分等级
38	1	30	98
37	1	29	95
36	0	28	93
35	2	28	90
34	1	26	85
33	2	25	80

续

1 测验分数	2 频　数	3 累积频数	4 百分等级
32	3	23	72
31	2	20	63
30	1	18	58
29	4	17	50
28	2	13	40
27	2	11	33
26	2	9	27
25	3	7	18
24	1	4	12
23	0	3	10
22	1	3	8
21	1	2	5
20	0	1	3
19	1 $N=30$	1	2

取最接近的整数。

1. 把原始分按从高到低进行排列(第 1 列)。

2. 每个分数上得分的学生人数列为频数列(第 2 列)。

3. 从下往上累积分数频数(如,把每个分数的频数加在所有比它低的分数的总频数上),得到累积频数(第 3 列)。

4. 在每个分数段,用下面的公式计算出原始分数的百分等级(第 4 列)。

$$\text{PR}=\frac{CF\text{ 原始分以下}+\text{此原始分数频数的 }1/2}{\text{人数}(N)}\times 100$$

这里　PR＝百分等级

　　　CF＝累积频数

为了说明计算方法,让我们来计算两个分数的百分等级。

$$分数\ 33\quad PR=\frac{23+1}{30}\times 100=80$$

$$分数\ 30\quad PR=\frac{17+.5}{30}\times 100=58.3$$

百分等级四舍五入后接近整数，因此在表 11 - 1 中原始分 30 的百分等级是 58。为了确保你理解这个计算过程，你可以计算表中其他原始分数的百分等级，并且检查是否正确。

在解释百分等级时有几点需要记住：(1) 百分等级描述的是关于取得更低分数的人数的百分比，而不是回答正确测题的百分比。**正确分数的百分比**(percentage correct score)是标准参照解释；**百分等级**(percentile rank)则表明相对位置，是常模参照分数。(2) 百分等级总是具体到一个特别的群体。例如，在一个高智商组，百分等级 90 表示的成绩比一个普通智商组同样为 90 的百分等级更高。这样，无论在何时描述一个学生的相对成绩，了解该组的特点与了解学生成绩的相对位置一样重要。(3) 百分等级在衡量尺标上的范围是不一样的。一个百分等级为 5，接近分数中间分布的分数，在测验成绩中比一个同样为 5，但分布在末尾的百分等级对应的分数差异更小。这是因为百分等级是基于高于某个分数的人数百分比，并且在分数分布的中间段，要高于某个分数的人数百分比比分数分布的末端更大。例如，在分布的高分末端，几个不同点上的原始分在百分等级上将几乎没有差异，因为没有更高的分数了。虽然这限制了百分等级的使用(如，它们不能直接做平均)，但是百分等级仍然是各类导出分数中最有用的和最容易解释的一种。

百分区间

有的测验手册使用**百分区间**(precentile bands)表示测验常模。这不是用原始分对应具体的百分等级，而是给出百分等级的一个范围。例如，常模表可以表示原始分 52 在 60～64 的百分区间中。这样允许在测验中有误差。百分区间告诉我们，我们可以完全肯定在测验中得到原始分数 52 的学生有一个相对位置，处于百分等级第 60 和第 64 之间的某个位置。我们不可能做得比这个更精确了，因为在测验中诸如注意波动、记忆、努力与否和猜测答案的运气等因素，使得我们的测验成绩(如原始分数)总是有一些误差。

百分区间的范围由测验的信度决定。对于一个高信度的测验，区间的范围较小。对于一个低信度的测验，区间的范围则较大。区间的范围用**测量的标准误**(standard error of measurement)来计算。这是从信度系数而来的统计计算法，它在个体测验分数中用来评估误差数(参见第十二章)。当然，这些误差组可以为原始分数或任何类型的导出分数而计算。有时它们被称为置信区间，因为它们表示用分数代表一个人的测验成绩的可信程度有多少。对于一个小范围的区间，我们更相信分数代表受测者的

"真实的"或"实际的"成绩水平。

除了使用百分区间解释一个人的测验成绩外，它也可以用于在成套测验中解释测验成绩的差异。对于不同的测验，在比较百分区间的过程中我们会认为百分区间是没有重叠的，那么测验成绩中可能存在"实际的"差异，并且没有重叠的原因可能是误差所致。例如，下面所示的玛瑞亚的成套测验的百分区间表明，在她的阅读和语言成绩中没有"实际的"不同，但是她的数学成绩更低一些。

	阅　读	语　言	数　学
玛瑞亚成绩的百分区间	70～75	74～79	63～68

百分区间不利于我们解释测验成绩中的细微差异。测验编制者使用百分区间时用柱状图来做出学生测验的剖面图，这样容易判断百分区间的末端何时重叠，何时没有重叠。

年级等价成绩

年级等价成绩(grade equivalent scores)是另外一种被广泛使用的描述测验成绩的方法。它们主要用于小学水平。年级等价成绩是一个学生测验的原始分数被转换为年级水平，在这个水平上，学生的分数与常模组的一般原始分数相对比。与其他导出分数一样，测验手册中的表格在平行的两列中分别给出原始分数和年级等价分数。这样，我们所要做的就是查阅这个表，并且找到和任何已知的原始分数对应的年级等价成绩。虽然这很容易做，并且显然容易进行解释，但同时也是最容易曲解的一类分数。让我们来看一看年级等价分数的正确意义。

要阐明年级等价成绩的意义，我们先假设已经得到下面所示戴夫的成套测验的年级等价分数，戴夫正上到四年级的中间阶段。

阅读	4.5
语言	6.5
数学	7.8

第一点要注意的是，年级等价成绩反映的是年级水平和学年的月份。这样来看，戴夫的阅读成绩等于四年级中间阶段常模组学生的平均分。因为戴夫上到四年级的中间阶段，我们认为他的阅读成绩处于平均水平。在语言成绩上，戴夫比同龄学生领先两年，而数学成绩则领先三年。这表示戴夫能完成这些水平的学习任务吗？回答是否定的，正确的含义是他在这几门学科上比其他四年级的学生做得更快、更有效率。这些测验不可能包括六年级和七年级的内容。同样的曲解也会出现在低的年级等价成绩上。例如，如果戴夫的数学分数为 2.0，那么分数并不表示戴夫只会做二年级的

数学题。正确的意思是与其他四年级的学生相比，戴夫解题的速度更慢，错误更多。高的与低的年级等价成绩通过归纳可以得到，但它不代表整体的平均分数。通常了解这一点是必要的，因为低年级的学生不可能有必需的知识和技巧去完成测验，并且高年级的学生可能已经超出了测验要考察的技巧类型。

年级等价成绩是解释测验成绩的一种简单的方法，但是在使用和向家长解释时，应该避免下面普遍出现的曲解：

1. 它们不是应该达到的标准，只是在常模组中学生的平均成绩。

2. 它们不表示一个学生能达到的年级水平。

3. 非常高和非常低的年级等价成绩与接近学生年级水平那样可信的测验成绩指标不一样。

在解释某个个体的年级等价成绩时，除了注意以上几点外，成套测验的分数相比较还有一个额外的要求。例如，基本技能的增长不是均匀的。阅读成绩的增长比数学更快，它有赖于学校中更直接的技能传授。这样，年级等价成绩在一年时间中的差异表示阅读测验比数学测验的成绩有更大的不同。此外，对于不同的技能，在不同时间其成绩的增长趋向于减慢，并且当增长减缓时，各学科年级等价成绩之间的差异变得更小了。各学科领域技能增长的变化和增长模式时间的变化导致了年级等价成绩量表的不均衡。从成套测验中比较一个学生各测验的年级等价成绩时，查看常模表可以知道每个测验的原始分数是怎样分布的，这不失为一个明智之举。如果其他年级等价成绩的差异在于它们是基于相对少数的原始分数点，那么一个高的或低的年级等价成绩可能会大打折扣。

标准分

标准分(standard score)描述的是测验成绩的原始分数距离平均分之上或之下的范围。它以单元来表示，通过平均数和标准差计算而得。我们都熟悉平均数的使用。测验分数的总和除以测验的人数就可以得到平均数。标准差表示一个测验中分数的分布情况。标准差的计算如专栏 11－1 所示，但是这不能帮助我们理解它表达的意思，或者在解释标准分时如何使用。可以通过描述它的特点，以及说明对于标准分的变化类型怎样使用它作为基本的单元来实现。

专栏 11－1 使用计算器计算标准差

按照下面的步骤

1. 把每一个测验分数平方。
2. 把平方得到的分数相加得到一个总和。
3. 用总和除以人数。
4. 把平均分进行平方。
5. 用第 3 步得到的结果减去第 4 步的结果。

续

6. 把第 5 步得到的差开平方根，所得就是标准差（*SD* 或 *s*）。

计算公式为：

$$SD = \sqrt{\frac{\sum X^2}{N} - M^2}$$

这里　$\sum$ ＝“总和”

X ＝ 一次测验分数

N ＝ 人数

M ＝ 平均分

$\sqrt{\ }$ ＝“平方根”

标准差（*SD* 或 *s*）在测验中是一个重要的并且广泛使用的统计数据。除了用它作为标准分数的一个基本单位之外，也可以作为计算信度系数和测量标准误的一个根据，这可以在下一章中了解到。

平均分、标准差和正态曲线

虽然正态分布不要求计算平均分和标准差，但是它们在**正态曲线**（normal curve）中可以更好地得到理解。正态曲线是一个对称的钟形曲线，它是由精确的数学方程式计算而得的。根据正态曲线，分数的分布集中在平均分附近，并且从平均分开始依次降低。图 11－1 所示即为一个正态曲线的例子。

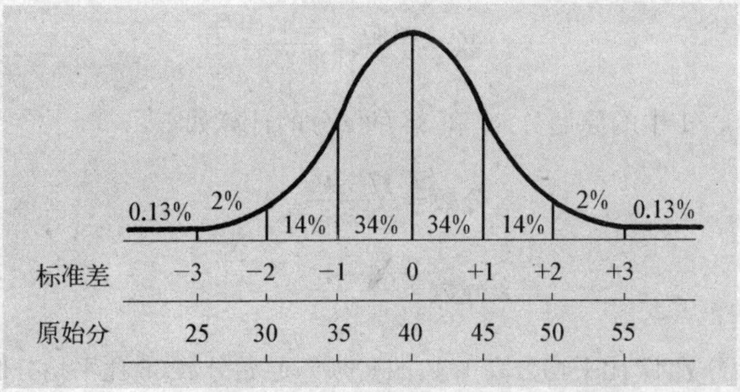

图 11－1　每个区间内的分数百分比接近正态分布曲线（百分比被四舍五入了）

在图 11－1 中，正态分布从正中的平均分开始下降。另外，当正态曲线按标准差（*SD*）划分单位时，每个单位曲线的基线距离是相等的，在曲线之下的每一部分包括确定的数量百分比。这样，34％的分数分布在平均分和 *SD* 为＋1 之间的分数范围，14％的分

数分布在 *SD* 为+1 和+2 之间，2%的分数分布在 *SD* 为+2 和+3 之间。因为曲线是对称的，所以同样的百分比可以用于平均分以下的情况。这些百分比四舍五入后接近整数，只有一小部分百分比(0.13%)分布在距离平均分的三个标准差之上和之下。这样，从实际的观点来看，分数的正态分布处于从平均分起的−3 和+3 标准差之间。

为了帮助理解标准差的意义，图 11－1 中一组平均分为 40 和标准差为 5 的原始分数放在了曲线的基线之下。要注意原始分数的平均分 40 被置于 0 点上，并且在曲线的基线上，一个标准差的距离是原始分数的 5 分。这样，平均分以上一个标准差的点等于 45 分(40+5)，平均分以下一个标准差的点等于 35 分(40−5)。那么，这组分数中大约 68%的分数(约三分之二)分布在 35 和 45 分之间，大约 96%的分数分布在 30 和 50 分之间，而有约 99.7%的分布在 25 和 55 之间(图中表示的有 100%，因为被四舍五入了)。

当计算出一组正态分布的分数的标准差时，我们必须确定 34%的分数包括平均分以上(或以下)多少分。用标准化测验得到的分数接近正态分布，或者通过统计处理后是正态的，这才符合我们要采用的解释方法。

z 分数

很多标准分数是以标准差为单位的。其中最简单和最基本的一种就是 z 分数。这种分数只是表明在标准差的单位中，一个已知的原始分数比平均分高或低多少。图 11－1 中的原始分 30 的 z 分为−2.0，因为它比平均分低两个标准差。计算 z 分数的公式是：

$$\text{z 分数}=\frac{\text{原始分}-\text{平均分}}{\text{标准差}}$$

例如，图 11－1 中的原始分 47 和 36 的 z 分的计算如下：

$$\text{z 分数}=\frac{47-40}{5}=1.4$$

$$\text{z 分数}=\frac{36-40}{5}=-.8$$

这样，原始分数 47 比平均分高 1.4 个标准差，原始分数 36 比平均分低.8 个标准差。

在研究中使用时，很少直接用 z 分来解释测验成绩，因为它包括小数点和负号。z 分要再转换为其他类型，只用整数和正数的标准分。这样的分数使用更方便，并且可以避免由于有负号而曲解的可能性。

解释测验的成绩可以使用很多不同类型的标准分。它们共同的一个要求是选择一个平均数和标准差，并且把 z 分转换为标准分的单位。为了解释清楚，我们将对一些使用普遍的标准分数的转换过程进行阐述。

T 分数

T 分数(T-score)包括一个 50 的平均分和一个 10 的标准差。它是根据 z 分数得来的,用 10 乘以 z 分再加 50,如下面的公式所示:

$$T=50+10\ (z\text{分})$$

把前面提到的不同的 z 分数(1.0,−2.0,1.4,−.8)代入公式,可以得到下面的 T 分:

$$T=50+10(1.0)=60 \qquad T=50+10\ (-2.0)=30$$

$$T=50+10(1.4)=64 \qquad T=50+10\ (-.8)=42$$

对 T 分的解释较容易,因为它们有相同的平均分和标准差。60 的 T 分表示比平均分高一个标准差,30 的 T 分表示比平均分低两个标准差。这样,使用 T 分时,一个人在不同测验上的成绩能直接进行比较,并且分数可以进行相加或平均而不会改变不同范围的标准差,但用原始分就可能出现这样的情况。

在正态分布可以假设的情况下,T 分也可以用百分等级来解释,因为此时二者间有直接的关系,如图 11-2 所示。T 分 30 等于百分等级 2,T 分 40 等于百分等级 16

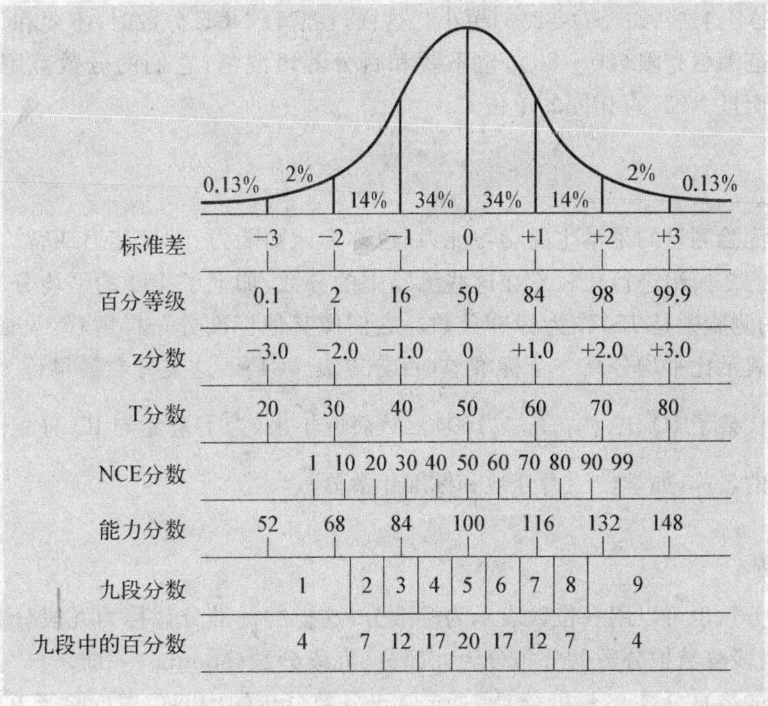

图 11-2　正态分布中对应的百分等级,z 分数,T 分,NCE 分数,能力分数和九段分数

等等。标准分的这种关系使得分数拥有相同的单位，以及使得用百分等级向学生和家长解释测验成绩成为可能。

因为T分和百分等级都有平均分50，都使用相似的两位数，在测验解释中这两种类型的分数经常会混淆。这样的话，记住百分等级是表示个体的百分数比已知分高或低很重要，而T分则表示已知分数比平均分高或低多少个标准差单位。如图11－2所表示的，虽然百分等级和T分有一样的平均分50，但是平均分以下的百分等级比T分更小，平均分以上的百分等级比T分更大。当然，这可以由事实来说明，百分等级在分数的中间部分分布紧密，而在末端较分散，而T分的分数分布始终有相等的单位。

正态曲线等价分数(NCE)

另一种会与T分和百分等级混淆的标准分是**正态曲线等价分数**(normal-curve equivalent score, NCE)。这种分数也有平均分50，但标准差是21.06。像T分那样，所有分数有相同的单位，但分数范围是从1～99。百分等级的范围也是从1～99，但没有相同的单位。正如在图11－2中看到的，百分等级在分数分布的中间部分(如，$SD=34\%$)比末端(如，$SD=2\%$)更小。这样，在解释NCE分数时，不要和T分混淆，它的分数范围更有限(20～80)，也不要和百分等级混淆，它们的分数范围是一样的(1～99)，而且NCE有相同的单位。

能力分数

成套测验测量的是学生的学习能力(也称为认知能力、学校能力或智力)，并把它们与相同的常模组进行比较。在这些测验中的分数，加上了100的平均分和16的标准差(有的测验中是15)作为标准分数。它们像其他标准分一样解释(见图11－2)。分数116表示比平均分高一个标准差(百分等级＝84)。这类分数最早称为误差IQ，因为它们代替了IQ比(如，$\frac{MA}{CA}\times100$)。然而近年来，为了避免与IQ分相混淆，改用了更合适的名称，如学校能力分数和标准年龄分数。

九段分数

测验分数也可以用一位数表示为标准分，这样的标准分数称为九段分数(或九位分数)。九段分数把分数的分布分为九部分(**九段分数**(stanine)一词来自“标准九”)。九段分数的最高分是9，最低分是1。5属于分数分布的中间位置。除了9和1，每个九段分数都包括一组原始分数的一个标准差长度的一半。这样，九段分数是有平均分5和标准差2的标准分。九段分的分布和每个九段分中的人数百分比如图11－2

所示。

九点量表只是向学生和家长解释，因为它是一位数的分。一个人处于九点量表上的什么位置，这很容易就可以看到，5是平均水平。因为每个九段分数都包括一组原始分，所以测验成绩也几乎不可能被不合理地解释。在成套测验中比较两个不同测验的分数时，两个九段分数的差异是非常明显的。这样，在对一个学生下列的分数进行解释时，我们会认为该学生的数学成绩更高，而阅读和语言成绩则没有差异。

阅读九段分＝5

语言九段分＝4

数学九段分＝7

除了易于解释之外，对于累加和平均测验分数，九段分也是一种简单的方法。把原始分转换为九段分数，使从不同测验得来的分数被放到了相同的标准化分数量表中，并有相同的单位。这样，量表各部分和各测验有着相同的意义。九段分5和7之间的差异与九段分4和6之间的差异是一样的。如果涉及一个阅读测验，一个语言测验，一个数学测验，或者其他的测验，那么两个九段分的差异也是一样的。像其他标准分数一样，它们有相等的单位，容易累加。而不同于其他标准分数的是，它们易于向别人解释和说明。见专栏11-2，说明了怎样解释测验结果。

专栏 11-2　向学生和家长解释标准化测验的结果

1. 用普通的词语描述测验的测量，以及它与实际环境的关系（如，测验只测量了计算能力；它没有测量数学推理，而这是课程的重要内容）。
2. 在解释百分等级时，要描述样本（如，百分等级87表示常模组中87%的学生有更低的分数；它不是正确百分率分数）。
3. 在解释年级等价分数时，要表明不可能有曲解（如，对于一个五年级的学生，年级等价成绩6.5表示他完成五年级的学习任务的速度和效率与一个上到六年级中间阶段的学生是一样的）。
4. 在解释九段分数时，用简短、简单的语言（如，阅读测验中九段分数6是比中间水平高一个点，而且数学测验中九段分数4是比中间水平低一个点）。
5. 在解释测验成绩之间的差异时，使用百分区间或用其他考虑了误差的方法（如，阅读和数学的百分区间不会重叠，因此在成绩中可能有"实际的"差异；又或者，九段分数表示了"实际的"差异，因为两个九段分是不同的）。

标准参照解释

为了让测验的标准化成绩对教学更有用，一些测验编制者把多项选择题修改成包括更多实际生活情境的题目，加入了自由回答题，为测验成绩提供了标准参照解释。

表示标准参照测验结果最为人所知的方法之一是正确百分比分数。这只是表示在一个测验，或子测验中回答正确的题目的百分比。这可能是对个人、班级、学校或全部学校而言。对于不同学校的正确百分比分数是和全国常模样本的分数作比较的，并把结果作为评估学校的一个根据。

个体的分数也会通过题目组的形式表示，代表了一个学科、一种技能或一个目标的内容，并附有成绩水平的说明(如，平均水平以上、平均水平、平均水平以下)。在解释包括在测验组内的少数题目的结果时，应该引起一些注意。

有的测验提供的报告包括标准成绩。这个标准是由专门的教育家设定的，并且它通过从"没有掌握"到"优秀成绩"进行分类，表明了学生的成绩水平。

在给测验成绩作标准参照解释时，应该记住一些问题：

1. 设计测验的目的是为了与学校某些学科的教学目标相匹配吗?

2. 技能和测验测量的内容要适合受测学生的年级水平吗?

3. 简单的题目要从测验中剔除，以便得低分的学生和常模参照解释的区分性更强吗?

4. 在每个题目组中要有足够数量的测题来满足标准参照解释吗?

5. 在设置成绩标准化的过程中，要与解释的类型相适宜吗?

标准测验的标准参照解释在班级教学中可能是很有用的，但必须谨慎使用。

要点小结

1. 标准化成绩测验被广泛地运用在学校，用来把学生成绩和全国、地区或州的样本作比较(如，常模组)。

2. 标准化测验被仔细地设计，以适合一组测验的要求，为了解释常模参照测验，要对常模组进行试测、改进并施测。

3. 在标准化测验中使用最普遍的常模参照分数的类型是百分等级，年级等价成绩，以及其他标准化分数。

4. 百分等级表示学生的成绩在某个团体中的相对位置，即等于或低于某一特定学生的成绩的其他学生所占的百分比。不要把它和回答正确的题目的百分比相混淆(标准参照解释)。

5. 百分区间被用于表示测验成绩，并允许测验中存在误差。区间的范围表明解释时允许的误差数量，并且防止对测验分数微小差异的不合理解释。

6. 年级等价成绩是一个学生测验的原始分数被转换为年级水平，在这个水平上，学生的分数与常模组的一般原始分数相对比。这样，4.5 的年级等价成绩表明分数相当于上到四年级中间阶段一般水平的学生。年级等价成绩解释起来较容易，但是它们常被曲解。

7. 标准分是基于平均分(M)和标准差(SD)的一组分数。要理解它们，必须了解这些统计量的意思。

8. 标准分表示原始分比平均分高或低多少个标准差。标准分更难理解并向别人解释，但它的优势在于有相等的单位。

9. 本章中讨论的标准分涉及下面表示的平均分(*M*)和标准差(*SD*)。下面第 3 列表示比平均分高一个标准差的分数。

	M	***SD***	**+1*SD***
z 分	0	1	1
T 分	50	10	60
NCE 分	50	21.6	71
能力分数	100	16	116
九段分数	5	2	7

10. 在正态分布中，任何标准分数都能转换为容易解释的百分等级。例如，一个比平均分高一个标准差的分数(见第 3 列)对应的百分等级是 84，无论什么类型的标准分数都可以用于表示测验成绩。

11. 因为 T 分、NCE 分数和百分等级都有 50 的平均分，并且都使用相似的两位数记分，所以在解释测验成绩时注意不要混淆二者。

12. 九段分数是范围从 1～9 的一位数的标准分。它容易向学生和家长解释，并且两个不同的九段分表明它们在测验成绩中的差异是显著的(如，“真正的差异”)。

13. 使用百分区间的九段分数和百分等级是两种分数类型，是在向其他人解释测验结果和判断测验分数之间的差异时，更受欢迎的分数。

14. 测验成绩的标准参照解释被加入了很多标准化的测验。包括正确分数的百分比，通过题目组使用标准成绩和解释，表示某学科的内容、某个技能或目标。

15. 标准化测验的标准参照解释要求检查目标、内容和所测验的技能与当地教学计划的匹配如何；是否测验的构建更偏重标准参照解释；对于每种解释类型，是否有足够量的测验题目；并且成绩标准是怎样确定的。

本章使读者能：

1. 区分效度和信度。
2. 了解效度的基本特征。
3. 了解怎样得到内容效度。
4. 知道可能降低成绩评价效度的因素。
5. 了解获得校标关联效度的过程。
6. 了解获得构想效度的过程。
7. 了解使用评价效度结果的作用。
8. 了解评估测验信度的方法及其提供的信息种类。
9. 了解测量的标准误是怎样计算和解释的。
10. 解释怎样确定基于操作性评价的信度。

第十二章 效度和信度

关于一个测验或其他评价过程需要提出的两个最重要的问题是：(1) 对于结果的解释，什么程度是合适的、有意义的和有用的？(2) 什么样的结果可以没有误差？第一个问题是关于"效度"，第二个是关于"信度"。理解这两个概念对于有效地构建、选择、解释和使用测验以及其他评价方法都是必要的。在准备和使用评价的过程中，效度是最重要的特征。第一，也是最重要的，我们希望成绩的结果是具有代表性的和相关性的测量。我们第二考虑的是信度，它指成绩结果的一致性。例如，如果我们在不同的时间，或者用与题目等价的其他测题来测量个体，那么我们将得到大概相似的结果。因为两个原因，结果的一致性很重要：(1) 除非结果是相当的稳定，否则我们不可能期望它是有效的。例如，如果某个学生在一个测验中一次得分高，另一次得分低，那么该成绩不可能是有效的。(2) 结果的一致性说明测量的误差很小，因此结果更可靠。这样，信度的一致性需要得到效度，并且让我们在解释评价结果时有更大的自信。

在信息评价的研究过程中，虽然没有必要经常详细描述效度和信度，但是理解这两个概念能为更有效地构建评价方法、更有效地选择标准化测验和更合理地解释和使用评价结果提供指导。

效度

效度关注评价结果的解释和使用。例如，如果我们从评价中推断学生达到了计划的学习目标，那么我们希望测验的内容是和测量目标相关的并有代表性的。如果我们推断评价对于预测或评估其他成绩是有用的，那么我们希望有一些可信的根据来支持那些解释。如果我们推断学生有好的“推理能力”，那么我们希望有证据支持“结果实际上反映了设想”这一事实。如果我们推断使用评价对学生有积极的影响(如，增加动机)，没有不利的影响(如，坏的学习习惯)，那么我们希望有关于评价使用结果的一些指标。当考虑评价结果的效度时，有几类事项我们要关注(见图12－1的总结)。

通过总结下面的特点，可以非常容易地解释效度的意义和使用评价的结果。

1. 可以从可得到的指标来推断效度。
2. 效度依赖于许多不同形式的指标。
3. 用程度(高、中等、低)来表示效度。
4. 效度具体到具体的用途。
5. 效度指引出推论，而不是方法。
6. 效度是一个整体概念。
7. 效度关注使用评价的意义。

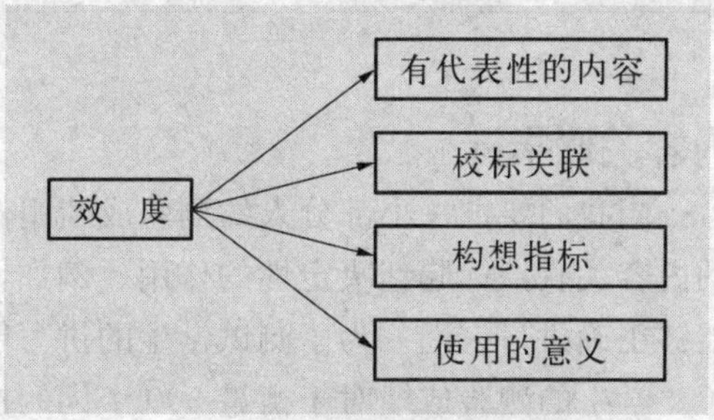

图12－1 在确定评价结果的效度时考虑的因素

把效度看做一个整体的概念，这是我们改变观点的基本一步。传统观点认为有几种不同的“效度种类”，这种观点被认为效度是单一的、整体的概念所取代。对于累积指标以支持解释效度，前者“效度的种类”(内容、校标关联和构想)现在只被看做是合适的方法。这样，我们不再把它叫做“内容效度”，而是效度的“内容关联指标”。同样，有“校标关联指标”和“构想关联指标”。

有的评价结果只有一种或两种指标的形式起决定性作用，但理想的效度将会包括四方面的指标。当我们完全理解了：(1) 评价过程的本质和用于完善该过程的具体方法；(2) 显著的标准测量评价结果的关系；(3) 心理特征或被评价构想的特性；(4) 运用评价的意义，那么我们很可能从评价结果中找到有效的结论。虽然在许多实践情境中，指标离理想有些距离，但在有限的环境中，我们应该收集尽量多的相关指标，这是可以实现的。当评价标准化测验时，我们也应该寻找各种形式的指标(见表12－1)。

表12－1 效度的基本方法

指标类型	要回答的问题
内容关联	评价内容的样本要达到多少才能代表受测内容的范围?
校标关联	在评价(如，测验)中，成绩要多精确才能预测将来的成绩(预测研究)或在另外的标准评价中估计当前的成绩(同时研究)?

续

指标类型	要回答的问题
构想关联	评价中,成绩怎样才能用于解释心理特征?
意　义	怎样把评价用于下一步的计划(如,改善成绩),以及怎样避免不利影响(如,不好的学习习惯)?

内容关联指标

当我们要把一小部分人的测验成绩用做一个范围较大的测验的成绩指标时,效度的内容关联指标起到决定性的作用。例如,假设有500个词,我们期望学生在学期末能够正确拼写它们。为了测试学生的拼写能力,我们可能布置一个50个词的拼写测验。学生的测验成绩对于衡量500个词的拼写能力提供指标是重要的。因此,拼写测验是一个有效的测量,它为500个词提供了足够的样本代表。如果我们只选择简单的词、难度大的词,或者只代表了某些普通拼写错误形式的词,那么这样的测验不具有代表性,并且这样得到的分数的有效性低。如果我们选择的词的样本较平衡,把上述因素都加以考虑,那么测验分数对于500个词的拼写而言,是一个有代表性的测量,因此有效性也高。

根据上面的讨论,很清楚效度的内容关联指标的关键因素是要有足够的样本。评价总是囊括了很多测量内容的一个样本。内容效度是大概地确定是否测量内容的样本代表了绝大范畴的需要测量的内容。

在成绩评价中,效度的内容关联指标特别重要。在此,我们关注的是成绩怎样测量教学预计的学习结果。通过下面几点,我们可能会更确信测验成绩是有效的结果:(1)确定要评价的学习结果;(2)为测量内容的具体样本拟定一个计划以备使用;(3)拟定一个规范的评价过程。为了确保样本能代表绝大多数的由预计学习结果决定的测量内容,我们要有最好的评价过程。

虽然效度的内容关联指标的要点在于足够的样本量,但有效的评价结果的解释认为评价要包括充分的准备、施测和记分。这几个方面中的任何一个步骤不充分,有效性都可能降低(见专栏12-1)。这样,有效性是"建立"在计划和准备阶段期间,以及通过恰当的施测和记分来维持的。贯穿整本书,我们阐述了怎样准备有效的测评,即使我们没有把有效性这个词用在讨论的每一个过程。

标准化测验的编制者在构造成绩测验时都贯彻这些系统的过程,但是包括在测验规范中的内容和学习结果比用于课堂评价中的更广泛。具有代表性的是基于主要教材和该学科各专家的推荐,这些都包括在测验中。因此,标准化成绩测验可能代表了

专栏 12-1 降低评价结果有效性的因素

1. 被评价的成绩的样本量不够。
2. 由于使用不恰当的内容形式，缺乏实用性，意义不明确，可找到线索，有偏差，难度不合适，或类似的因素，使得不能照计划的那样发挥作用。
3. 内容安排不合适，以及指导不清晰。
4. 对要解释的形式内容太少(如，解释基于太少的题目)。
5. 不恰当的施测——如给予的时间不够，以及糟糕的监督条件。
6. 使用不适当的评分要求来判断分数，或者客观记分有计算的错误。

大部分范畴的内容，但它没有代表大部分学校独特的教学情境所教授的内容。要想适合当地的情况，必须根据内容和教学中强调的技巧来评价测验题目的样本。

总之，无论你是在完善还是在选择评价过程，效度的内容关联指标都是成绩评价主要关注的问题。例如，在建构一个测验时，内容适当和有代表性都通过下面系统的过程来建立、指定和选择题目样本，建构高质量的题目，以及为了有效地施测安排测验和记分。在选择测验时，把测验样本与要测量的大范围内的内容进行大概的比较，并且确定二者之间的一致性程度。同样的注意在准备和使用成绩评价时也是需要的。因此，通过仔细的、有逻辑的分析，就可以获得效度的内容关联指标。

校标关联指标

在获得效度的校标关联指标时，使用的研究类型有两种。虽然它们可以用于任何形式的评价结果，但用测验分数可以最清楚地来解释它们。研究的第一种类型关注用测验成绩预测另一个要评价的测量中得到的将来的成绩，称做校标。例如，我们可能用学习能力测验分数来预测课程学业年级(校标)。显而易见，这叫做预测研究。研究的第二种类型关注用测验成绩估计在有的校标中的当前成绩。如，我们可能想用学习技能的测验去估计在实际的学习情境中(校标)，对一个学生进行仔细观察将会得到什么结果。因为测量的这个过程(测验和校标)大约是在同一时间得到的，所以这样的研究类型称为同时研究。

虽然用预测研究的价值是显而易见的，但人们可能会提出另一个问题，就是关于同时研究的目的。为什么有的人想要用测验分数去估计另一个可在同一时间获得的测量的成绩？这样做至少有三个有利的原因。第一，我们可能想对照那些有大量有效证据支持的已有的测验，来检查某个新编制测验的结果。第二，我们可能想用一个简短、简单的测验过程替换一个复杂和费时的测量。例如，如果学习技巧的测验是对学习成绩的合理评估，那么它可以替换为一个精确的等级评价系统。第三，我们可能希望确定是否测验过程有作为一种预测方法的潜在优势。如果测验是一个不太令人满意的同时成绩评估，那么肯定不可能期望用同一个测量预测将来的成绩。另外一方面，一个令人满意的当前成绩的评估将表明，测验在预测将来成绩时可能也是有用的。这可以让我们了解，预测研究是值得做的。

两种类型的校标关联研究，其关键要素在于两种测量之间的关系的程度：(1) 测验分数；(2) 要预测或评估的校标。它们的关系是通过相关系数或期望表格的方式来表示的。

相关系数 虽然**相关系数**(correlation coefficient)的计算超出了这本书的范围，但是相关的概念可以容易地就掌握。相关系数(r)只是表明两个测量之间关系的程度。正态的关系表示当一个测量得分高时，另一个的得分也高；同样，一个得低分，另一个也是低分。负性的关系表示当一个测量得分高时，另一个测量为低分。两个测验分数之间关系可能出现的极端程度可以用下面的值来表示：

1.00＝完全正态关系

.00＝没有关系

－1.00＝完全负性关系

当相关系数被用于表示测验分数和一些校标测量之间关系的程度时，称为效度系数。例如，将 1.00 的效度系数用于倾向测验分数(预测值)和成就测验分数(校标)之间的关系时，表示组中的每一个个体在两个测量上有完全相同的相对位置，并且从倾向分数可以正确地预测成就分数。大多数效度系数比这个值要小，但极端的正态关系对于评价效度系数是一个有用的衡量平台。效度系数越接近 1.00，相关的程度就越高，预测每一个体关于校标的结果也更精确。

对于评价效度系数，更实际的过程是当两个测量是相关的时候，把它与专门求出的效度系数比较。例如，倾向测验分数和成就测验分数之间的效度系数.40 将被认为是小的，因为我们专门得来的这两个测量的系数范围是.50～.70。因此，效度系数的判断必须基于相对的基础，系数越大越好。要使用效度系数，必须熟悉效度系数的范围，它是在不同条件下、不同测量对之间专门求得的(如，测量间的时间跨度越大，效度系数越小)。

期望表格 **期望表格**(expectancy table)是一种简单和实用的表示效度的校标关联指标的方法，而且对于根据测验分数做预测特别有用。期望表格由两部分组成，测验分数(预测值)列在表格的左边，需要预测的测量(校标)列在表的顶部。对于预测值中的每一个分数，表格表明了校标的每个类别中包括的人数百分比。表 12－2 所示为期望表格的一个例子。

表 12－2 中表示，测验分数中比平均分组高的那些学生(九段分数 7、8 和 9)，43％得 A，43％得 B，14％得 C。虽然这些百分数是基于一个特别的组，但用它们来预测其他学生理科课程将来的成绩是可能的。因此，如果一个学生的学习倾向成绩处于平均分以上，那么我们可以预测他在这个特别的理科课程有 43％以上的机会得 A，

表 12-2　用期望表格表示 30 个学生在一门理科课程的学习倾向成绩和课程等级之间的关系

学习倾向成绩分类(九段分数)	每个年级在每个分数上的百分比				
	E	D	C	B	A
平均分以上(7，8，9)			14	43	43
平均分(4，5，6)		19	37	25	19
平均分以下(1，2，3)	57	29	14		

43%以上的机会得 B，以及 14%以上的机会得 C。当然，由于期望表格中包括的学生是少数，所以这样的预测具有非常高的假设性。教师可以在一段时间内积累几个班级的信息，从而构建更可靠的表格。

期望表格可以用于表示任何两个测量之间的关系。它的构建只是大概需要：(1) 把每个测量的分数分组为一系列的类别(它们的任何数字)；(2) 把两部分的类别放在两部分的图表中；(3) 把处于表中每个位置的学生数列表(基于学生在所有测量的位置)；(4) 把这些数字转换为百分数(在一行内的所有数字)。这样，期望表格以一种清晰的方式表明了分数间的关系。虽然期望表格比相关系数更难处理，但它有特别的优势：没有统计知识的人更容易理解它。因此，可以把它用于特别的情境中，来阐明一个测验的预期效果。

构想关联指标

构想关联指标关注把评价结果作为推断具有某种心理特征的基础。例如，我们可能想描述一个人的阅读理解、推理能力、或机械方面的才能。这些都是假设的特征或构想，为了解释行为，我们假设有它们。理论的构想在描述个体，以及预测它们在众多不同的具体情境下将怎样表现是很有用的。例如，对于描述一个很聪明的人很有用，因为术语表示了一系列有关联的意义，它说明在不同的条件下个体可能出现的行为。然而，在我们能理解关于这些广泛的行为描述的评价结果之前，我们必须首先建立用于推测的构想，反映分数实际表示的不同成绩。

测验的效度构想关联指标包括：(1) 想要测量的对象的具体性质的理论框架的描述；(2) 测验的完善，以及可能影响测验分数的测量的任何方面的描述(如，测验版式)；(3) 测验分数和其他显著变量之间关系的模式(如，相似测验有高相关，测量不同构想的测验有低相关)；(4) 对测验分数意义有帮助的其他形式的指标(如，分析学生答题时的心理过程，判断测验预测的有效性)。对于某个具体的测验，指标的形式是决定性的，它依赖于构想的性质、清楚明了的理论框架，以及使用转换而来的测验分数。

虽然效度的构想关联指标的收集可能是无止境的，但实际情况中特别有必要限制那些与要解释内容最有关的指标。

构想关联指标是三种指标中最广泛的，在内容关联类（如，有代表性的内容样本）和校标关联类（如，具体校标中，分数怎样预测行为）中获得的指标也是与构想关联有关的，因为它们有助于了解评价结果的意义。这样，构想关联包含了各种形式的指标，包括从内容关联效度和校标关联效度研究中得来的指标（见图 12－2）。

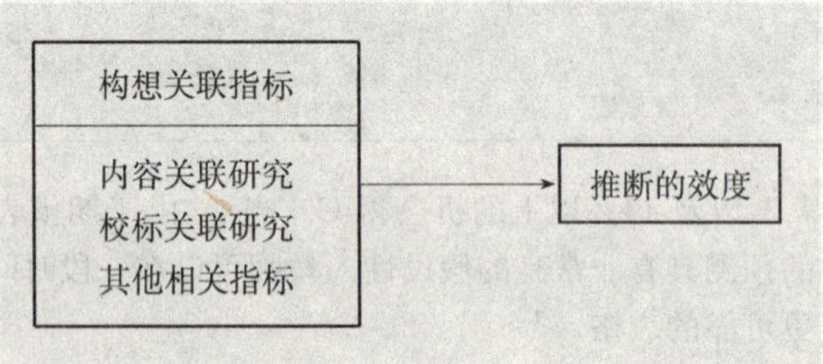

图 12－2　构想效度包括所有类型的指标

指标的排列是需要考虑的，我们可以通过一个测量数学推理能力的测验设计来加以解释。其中可能考虑到的指标有：

1. 通过构想的概念框架，把测验内容的样本与具体内容的主要范畴作比较。样本是相关的和有代表性的吗（内容关联指标）？

2. 检查测验特征及它们对分数意义可能产生的影响（如，测验版式、指导、记分、题目的阅读水平）。有些特征可能歪曲分数吗？

3. 当学生回答每道题时，通过让他们“有声的思考”来分析在回答问题时运用的心理过程。题目要求有目的的推理过程吗？

4. 通过测题间的内部相关，判断测验的内部一致性。题目似乎只测量了一个特征（如数学推理）吗？

5. 测验分数和其他数学推理测验成绩的相关。它们之间有高相关吗？

6. 比较已知组的分数（如，数学的主科和非主科）。各组间分数的差异像预测的那样吗？

7. 比较学生在给予专门的数学推理训练之前和之后的成绩。根据构想的理论，成绩如预期的那样发生改变了吗？

8. 分数与数学专业年级的相关。它们的相关达到令人满意的程度了吗（校标关联指标）？

其他形式的指标可能被加到了上面的条目中，但可以清楚地认识到只有一种形式的指标是不够的。把测验分数作为一种特殊的构想来解释时，它包括理解有关测验设计的研究在不同情况中起怎样的作用，以及分数和其他必要测量的关系如何。

当然，除了被设计用来测量的构想之外，评价结果还受到许多因素的影响。这样，构想效度希望能解释所有可能影响分数的因素。例如，我们可能会问：数学推理测验的分数多高会受到阅读理解、计算技能和速度的影响？这些因素中的每一个都要求进一步的研究。在测验设计期间，可以通过使用简单的词语、简单的计算和宽松的时间限制来减少这些因素的影响吗？测验分数和阅读理解、计算技能的相关应该多高？不同时间限制的条件下，学生分数有怎样的差异？回答上述问题，以及类似的问题有助于我们判断测验分数是怎样反映我们试图测量的构想，以及其他因素可能对分数产生影响的程度。

那么，构想效度试图要阐明和证实根据评价结果作的推测。它包括大量不同的过程和许多不同形式的指标（包括内容关联和校标关联）。当从很多不同渠道积累指标时，我们对结果的解释得到了丰富，并且能让我们的解释更自信。

使用评价结果的意义

效度关注从评价结果到具体使用的预测。因此，提出下列的问题是情理之中的事：使用评价的意义是什么？评价如预期的那样改善了学习，或者带来了不利的影响（如，缺乏动机、记忆模糊、不良的学习习惯）了吗？例如，只简单地关注学习结果的评价过程（如，知道事实根据）不可能提供有效的推导证据和运用技能，而可能让学生学习的注意变窄，并且会强化不良的学习策略（如，机械学习）。因此，在评估评价使用的效度时有一点需要考虑，评价对学生有什么样的影响。下列问题对考虑评价对学生可产生的意义提供了基本框架：

1. 使用评价后动机改善了吗？
2. 使用评价后成绩改善了吗？
3. 使用评价后改善了自我评价的技能了吗？
4. 使用评价后有助于把学习迁移到相关领域了吗？
5. 使用评价后促进了独立学习了吗？
6. 使用评价后鼓励了好的学习习惯了吗？
7. 使用评价后有助于用积极的态度面对学业了吗？
8. 使用评价后在上面任何一个方面产生不良影响了吗？

判断使用不同评价过程的意义是教师的一个重要任务，如果结果适合他们计划改善教学的目的。当测验和成绩被用于评价学习结果的大部分范畴时，当它们对复杂的学习结果给予了特别强调时，当它们被正确地施测和记分（或判断）时，当它们被用于确定学生在学习中的优势和不足时，以及当学生把评价看做是公平的、有意义的和对改善学习是有用的时，评价都可能产生积极的意义。

信度

信度是指评价结果的一致性。如果我们使用相同形式的任务的不同样本，会得到同样的结果吗？如果我们在不同的时间使用评价，会得到相同的结果吗？如果给成绩评价定等级，不同的评定者使用同样的方法吗？当我们在考虑评价结果的信度时，所有这些问题都是我们所关心的。除非结果可归纳为相似的内容样本、时间段和评价者，否则我们不能相信这些结果。

因为评估信度的方法不同于测验和成绩评价，所以要对它们分别看待。

评估测验分数的信度

个体在测验中得到的分数称为实得分数、原始分数或观察分数。这种分数包含一定数量的误差。有的误差可能是系统化误差，即一直扩张或降低实得分数。例如，在几个测题中明显的外部线索可能导致所有学生的得分都比他们本身具有的水平要高，或者测验时间太短可能导致所有学生的得分比他们的"实际成绩"要低。导致系统化误差的因素主要是由于测验的试测不够。因此，大多数这些误差可以通过认真仔细地建构和施测来减少。消除测验分数中系统化的误差是特别重要的，因为它们对根据分数进行预测的效度有直接的影响。

有些实得分数的误差是随机误差，即它在不可预测的情况下提高和降低分数。暂时的记忆波动、动机的变化和不同时间注意力的变化，答题时的粗心，以及猜测几率等因素都可能导致随机误差。这些因素导致不同测验的分数不一致。有时，个体的实得分数比真实水平高，有时又比真实水平低。虽然这些误差难以控制，并且不可能精确地预测，但可以通过各种统计过程来估计它们产生的影响。因此，当我们谈到估计测验分数的信度时，或者测验分数中测量误差的数量时，我们指的是随机误差的影响。

信度是指一个测量与另一个测量分数的一致性。因为经常存在测量误差，所以我们可能认为不同时间、不同题目样本，以及测验不同部分的成绩都有一定的差异。信度的测量为估计在不同条件下我们认为的差异程度提供了依据。测验分数的信度用信度系数或测量标准误来表示。因为所有估计信度的方法都要求分数的可变性，所以要讨论的步骤主要对常模参照解释的测验设计有用。

正如先前提到的，表示测验分数和标准测量间的关系的相关系数称做效度系数。信度系数也是一种相关系数，但它表示来自相同过程的两个测量之间的相关。例如，我们可以对一个组进行两次相同的测验，两次间有一定的时间间隔（测验—再测验法）；连续给予两个等值的测验（等值复本法）；给予两个等值的测验，中间有一定的时间间隔（等值复本测验—再测验法）；或者进行一次测验，并计算测验答案内部的一致性（内部一致性法）。获得信度的每种方法都提供了不同形式的信息。因此，获得信度系数的不同方法是不可互换的。在确定要使用的方法之前，我们必须确定要查找的信度指标的类型。评估信度的四种基本方法和每种方法提供的信息的类型如表 12 - 3 所示。

表 12-3 测验成绩信度的评价方法

方法	信息提供的类型
测验—再测验法	在一定时间范围内,测验分数的稳定。
等值复本法	不同测验复本(即,不同的题目样本)测验分数的稳定。
等值复本测验—再测验法	在一定时间范围内,对于不同复本的测验,测验分数的一致性。
内部一致性法	测验的不同部分的分数一致性。

说明:当评价学生对题目形式(如,容易的测验)的回答时,记分者的信度也应该加以考虑。这可以通过得到两个记分者的评分,然后求两个分数的相关来得到。然而,分数间的一致不能被表中所示的评价信度的方法所代替。

测验—再测验法 测验—再测验法要求在不同的时间,把同一个测验向同一个组施测两次。两次施测的时间间隔可以是几天,或几年。间隔的时间长度应该适合要解释的结果的类型。因此,如果我们关心的只是为了更有效地学习而使用测验分数,那么分数短期内稳定就可以满足要求了。而如果我们想要预测职业成就或对其他更长久的范围作预测,那么我们希望稳定的证据超过几年的时间。

测验—再测验的信度系数同时受到测量过程内的误差和学生日常答题稳定性的影响。因此,测验之间的时间间隔越长,信度系数越低,因为学生的变化越大。然而在表示测验—再测验信度系数时,包含时间间隔是重要的。例如,一个表述可能说:"间隔超过3个月的同一测验,其分数的稳定性是.90。"对于具体的解释而言,这样做让确定数据信度显著性的程度成为可能。

等值复本法 对于该方法,同一测验的两个等值复本(也称做**改变复本**(alternate forms)或相似复本)是在同一测验时间对同一个组给予施测。在某种程度上,测验复本是等值的,用它们来测量相同的能力(即,它们建立在相同的具体行为上),但为了确定信度,单独构建这些因素也是重要的。在这种情况下,信度系数表明有足够的测验样本。即,高信度系数将说明两个独立样本测量的是同一个事件。当然,低信度系数将表明两个测验分别测量了不同的行为,因此题目样本是有问题的。

信度系数的确定要考虑测量过程的内部误差,以及不同题目样本的一致性,但不包括学生日常反应的稳定性。

等值复本测验—再测验法 这是两种方法的综合。把同一测验的两个不同复本在不同时间施测。这是最难的信度评价,因为它要考虑所有可能的变量来源。信度系数反映了测量过程中的误差,不同题目样本的一致性,以及学生答题的日常稳定性。对于大多数的目的,这种方法可能是最有用的信度类型,因为它能让我们评估在不同条件下,测验结果的普遍性怎样。用该方法得到的高信度系数将表明测验分数不仅仅代表测验的成绩,也代表了在另一个时间,或在等值的不同样本中可能得到的测验成绩。

内部一致性法 该方法只要求进行一个单独的测验。过程一,分半法,包括给奇数题和偶数题分开记分,以及计算两部分的相关。相关系数说明任意选择一半的测验,两部分得到相同结果的程度。因此,它表示测验两部分的一致性。像等值复本法那样,这一过程考虑了测验过程的内部误差,以及不同题目样本的一致性,但是它却忽视了学生答题的日常稳定性。

因为基于奇数和偶数题目的相关系数表明了两半测验之间的关系,所以对整个测验来说,信度系数是用斯皮尔曼-布朗公式得来的。简化了的公式如下所示:

$$\text{测验的信度}=\frac{2\times\text{一半测验的信度}}{1+\text{另一半测验的信度}}$$

因此,如果我们已知一个测验中两半测验的相关系数为.60,那么该测验的信度计算如下:

$$\text{测验的信度}=\frac{2\times.60}{1+.60}=\frac{1.20}{1.60}=.75$$

斯皮尔曼-布朗公式的运用更明确了测验信度是一个有用的准则;可以通过让测量变长来提高测验的信度。这个公式表明当测验的长度增加2倍时,信度将提高多少。然而,运用这个公式,是假设在测验中已经通过增加题目来加长测验的长度了。

另一种评价信度内部一致性的方法是通过使用**库德尔-理查森20公式**(Kuder-Richardson Formula 20, KR-20)。库德尔和理查森提出了另外的公式,而这个公式在标准化测验中的使用最广泛。它要求进行单一的测验,计算每道题答对的人数百分比,以及分数的标准差。这个公式对于理解怎样解释分数不是很有用,但对于了解系数的意义是重要的。从根本上说,在可能的方法上,当把测验分为几部分时,KR-20等于所有部分系数的平均值。当一个测验中所有题目测量的是相同的对象时(如数学推理),其结果应该接近分半信度的估计值。当测验题目测量的是各种技巧或内容(如更少的相似性)时,KR-20的值将比分半信度的值低。因此,KR-20是对于同质性测验有用,而如果用于一个测量异质内容的测验,可能会使人误解。

使用内部一致性法是因为它们只要求施测一次。然而,不要把这种方法用于要考虑速度的测验,因为它会产生高信度的假象。如果在测验中速度是一个重要因素(即,如果学生没有时间完成所有题目),那么应该用其他方法来评价信度。

测量的标准误 测量的标准误是表示测验信度的一个特别有用的方法,因为它表明了在解释个体测验成绩时允许的误差数量。用下面的公式可以根据信度系数推导出标准误:

$$\text{测量标准误}=s\sqrt{1-r_n}$$

这里 s=标准差,r_n=信度系数。对于一个信度为.60,s=4.5的测验,用这个公式可以得到下面的结果。

$$\begin{aligned}测量标准误&=4.5\sqrt{1-.60}\\&=4.5\sqrt{.40}\\&=4.5\times.63\\&=2.8\end{aligned}$$

测量的标准误表明要评估个体的真实成绩(即,去除误差的成绩),得到"合情理的限定",我们必须从一个人的测验分数中加上或减去多少个绩点。在我们的例子中,标准误接近 3 个绩点。因此,如果一个学生在该测验中得 35 分,那么要设定合理的范围,学生的分数区间将在 32(35－3)到 38(35＋3)范围内。换句话说,我们认为分数在 32～38 之间,包含了学生的真实成绩(在统计意义上,它处于三个分数范围以外的位置之间)。测验成绩的标准误是考虑了测验解释期间误差的一种方法。如果我们根据分数区间(也称置信区间)来看测验成绩,那么我们可能不会不合理地解释测验成绩间微小的差异。

对于测验的使用者,测量的标准误可能比信度系数更有用。虽然可以用信度系数来评价测量的质量,并比较不同测验的相对优势,但测量标准误是直接用于解释个体的测验分数的。

校标参照掌握测验的信度 正如上面提到的,计算信度的传统方法要求分数效度(即,分数的覆盖面),因此它主要对常模参照测验有用。当把它用于校标一参照测验时,可能会曲解结果。因为校标参照测验不是用于强调个体间的差异的,所以它们特别限制分数的效度。即使对使用而言,测验结果的一致性已经足够了,但分数覆盖面的受限将导致信度的低相关。

当用校标参照测验来确定掌握知识的情况时,我们主要关心的是测验掌握了和没有掌握两类的一致性怎样。例如,如果我们对同一个组的学生,分别进行两个等值复本的测验,那么我们希望当学生掌握了测验知识时,两个测验的结果都可用于识别同样的学生。当然,两个部分完全一致是不现实的,因为有的接近分界分数的学生可能基于测量误差从一类变换到其他类别(由于诸如猜测错误或遗忘这类因素)。然而,如果太多的学生表现为掌握了一个测验的知识,而没有掌握另一个,那么我们关于谁掌握了知识的结果将不会弄错。因此,掌握测验的信度可以通过计算测验两个复本掌握一没掌握结果一致性的百分比来确定。

比较测验的两个等值复本成绩的过程是相对简单的。把两个复本向一个组的学生施测之后,结果的数据可以放在如图 12－3 所示的一个 2×2 的表中。这些数据是基于两个有 25 道题目,向 40 个学生施测的测验。80%的正确率(20 道题)代表掌握了知识,所以在两个测验中,所有得 20 分或高于 20 分的都放在右侧上面的单元中(30

个学生)，分数低于 20 分的放在左侧下面的单元(6 个学生)。剩下的学生表示掌握了一个测验的知识，而没有掌握另一个测验的(4 个学生)。因为 40 个学生中的 36 个被测验的两个复本分门别类，所以很显然我们有适当优良的一致性。

		复本B	
		没有掌握	掌握
复本A	掌握	2	30
	没有掌握	6	2

图 12 - 3 在一个校标参照测验的两个复本中 40 个学生按掌握和没有掌握分类

对于这个过程，我们可以用下面的公式来计算一致性的百分比：

$$一致性\% = \frac{掌握的人数(两个复本)+没有掌握的人数(两个复本)}{总人数} \times 100$$

$$一致性\% = \frac{30+6}{40} \times 100 = 90\%$$

使用这个过程是简单的，但它是有所限制的。第一，要求测验的两个复本。然而，这可能不像看起来那么重要，因为在大多数测量掌握知识情况的测验中，需要不止一个测验复本来重测那些在第一次测验中没有掌握测验知识的学生。第二，很难确定对于一个已有情境，一致性的百分比需要多少。因为对于其他信度测量，一致性越高，测验的信度越好，但可接受的最低水平是多少呢？对这个问题没有唯一的答案，因为它依赖于测验中题目的数量和结果的意义。如果对于学生而言，没有掌握所测知识的结果只意味着进一步的研究和随后的重测，那么低一致性也许是可接受的。然而，如果掌握—没掌握的结果关系到是否给学生一个高中文凭，例如像在某些能力测验中那样，那么就需要一致性在较高的水平。因为对于最低水平的设定没有清楚的指导，所以我们需要依靠在不同情境中进行检验，以便确定合理的期望值。

对于评价校标参照测验的信度，已设计出更复杂的方法，但在使用中有无数的问题和难题超出了本书的范围。降低测验成绩信度的因素见专栏 12 - 2。

专栏 12 - 2 降低测验成绩信度的因素

1. 测验成绩是基于太少的题目。(补救：用更长的测验或累积几个短测验的分数。)
2. 分数的范围太有限。(补救：调整题目难度以得到更大的分数覆盖面。)
3. 测验的条件不适当。(补救：安排适宜的施测时间和消除干扰、噪音和其他干扰因素。)
4. 记分是主观的。(补救：准备记分答案，在给论述题打分时要仔细。)

评估成绩评价的信度

成绩评价是使用描述成绩的不同水平，范围从高到低（如，从显著的到不充足的）的记分标题进行的一般评估。之后对每个学生的成绩进行判断，并放到最适合成绩特点的类别中。判断这些成绩的信度可以通过获得并比较分别给成绩单独打分后得到的两个分数。可以求两个分数的相关，以便确定评分的一致性，或者可以计算评分一致性的百分比。

让我们假设有一个成绩，如写作的成绩，是根据对 32 个学生进行的测验和两个教师在一个四点量表上（4 是高分，1 是低分）单独进行的评分得来的。两个教师评分的结果如表 12－4 所示。教师 1 的评分呈现在列中，教师 2 的评分呈现在行中。因此，教师 1 给七个学生打了 4 分，教师 2 给八个学生打了 4 分。他们对六个学生的评分是一致的，对三个学生的评分不一致。评分一致的人数可以看表中右上方一角到左下方一角的对角线。评分一致性的百分数可以通过把对角线上的数字相加（6＋7＋6＋5＝24），并除以学生的总人数（32），再乘以 100％来计算得出。

$$\text{评分者的一致性}=\frac{24}{32}\times 100\%=75\%$$

表 12－4 基于两个评分者单独评分的学生分类

	教师 1 的评分					
	分数	1	2	3	4	行的总人数
教师 2 的评分	4			2	6	8
	3		3	7	1	11
	2	2	6			8
	1	5				5
列的总人数		7	9	9	7	32

通过检查，我们可以看到所有评分彼此之间相差一分。结果也表明教师 2 的打分更宽松（如，给高分多，低分少）。因此，该表可以用来判断评分的一致性，以及打分宽松到什么程度可能影响到评分的不一致。

虽然“需要两位评分者”这个要求限制了该方法的使用，但让同一学科领域的两位教师对成绩评价的评分作定期检查是合理的。它不仅提供了关于评分一致性的信息，而且还让教师看到自己的评分倾向。专栏 12－3 列出了降低成绩评定信度的因素。

专栏 12-3 降低成绩评定信度的因素

1. 测验内容的数量不够。(补救：积累几次成绩的结果。例如，几次的写作成绩。)
2. 评分过程的结构组织不好。(补救：仔细规范测验内容的特点、评分的条件，以及评分或判断结果的标准。)
3. 对于测验内容，成绩的范围是特定的。(补救：通过选择类似测验中相似的内容来提高成绩的概括性。)
4. 没有足够的评分指导。(补救：使用评分标题或评分量表来具体地描述标准和评分等级。)
5. 评分受到个人偏见的影响。(补救：检查那些独立进行的评分或评估。若可能的话，进行评分和评估的培训。)

独立评分得到的分数之间的一致性百分比是检验成绩评分信度的一种常用方法。然而，应该注意的是，它只表示了一个种类的一致性——评分的一致性。而不表示相似测验内容或不同时间测验成绩的一致性。我们可以通过考查学生在不同内容和不同时间的成绩来得到这样的原始测量，但一个更适当的分析要求了解概括性的原理，它对于这里提到的方法是更专业的。

要点小结

1. 效度在评价中是需要注意的一个最重要的特征，并且它关注从评价结果得来的具体推论的适用性、意义和有用性。

2. 效度是基于各种形式指标的一个整体概念(内容关联、校标关联、构想关联和意义)。

3. 效度的内容关联指标指代表要测评内容的样本的代表性怎样。

4. 效度的内容关联指标主要关注成绩评定，并且它是通过一系列系统的过程建立起来的。如果评估的试测次数不够，那么效度会降低。

5. 效度的校标关联指标指评价结果与其他称为校标的评价测量相关的程度。

6. 校标关联指标可以基于一个预测研究或一个同时研究，并且用相关系数或期望表格来表示。

7. 效度的构想关联指标指评价内容的成绩能在多大程度上解释心理特征或构想(如数学推理)。

8. 构想关联指标的类别是最广泛的。它包括从内容关联和校标关联研究而来的指标，以及其他形式的指标，它们有助于阐明评价结果的意义。

9. 使用评价结果的意义也是效度应该考虑的一个重要因素——包括积极的和消极的意义。

10. 信度指分数的一致性(如，分数没有测量误差的程度)。

11. 测验分数的信度用信度系数或测量的标准误来表示。

12. 信度系数可以通过许多不同的方法得到(如，测验—再测验、等值复本、内部一致性)，并且每种方法测量了不同形式的一致性(如，不同时间、不同题目样本、不同的测验部分)。

13. 当测验简短，分数范围受限，测验条件不适宜，以及评分是主观的时，测验分数的信度会降低。

14. 测量的标准误表示在解释个体测验分数时允许的误差数量。

15. 分数区间(或置信区间)考虑到了测量的误差，并且有助于防止测验分数间微小差异的解释。

16. 校标参照掌握测验的信度可以通过计算把个体划分为掌握和没掌握后两个测验之间一致性的百分比得到。

17. 基于评价的成绩的信度通常是由两个或更多个独立评分之间的一致性程度来确定的。

词汇表

A

Achievement Assessment	学业成就测评
Achievement Test	成绩测试
Alternate Forms	改变复本
Alternative Assessment	替代性测评
Analytic Scoring	分项评分
Anecdotal Record	逸事记录法
Authentic Assessment	真实性测评

B

Battery of Tests	测验组

C

Checklist	检核表
Content Standard	课程内容标准
Correlation Coefficient	相关系数
Criteria	质量标准
Criteria-Referenced Interpretation	标准参照测评

D

Derived Score	导出分数
Difficulty Index	难度指数
Discrimination Index	区分度

E

Expectancy Table	期望表格

G

Generalizability	可推广性
Grade Equivalent Score	年级等价分数

H

Holistic Scoring	整体性评分

词 汇 表

I

Item Analysis	试题分析

K

Kuder-Richardson Formula 20	库李 20 公式

M

Mastery Test	掌握程度测验
Mean	平均分

N

Norm-Referenced Interpretation	常模参照测评
Normal Curve	正态曲线
Normal-Curve Equivalent Score	正态曲线等价分数
Norms	常模

O

Objective Test	客观测验

P

Percentage Correct Score	正确分数的百分比
Percentile Band	百分区间
Percentile Rank	百分等级
Performance Assessment	实作测评
Portfolio Assessment	档案测评

R

Range	极差
Rating Scale	等级量表
Raw Score	原始分数
Reliability	信度

S

Scoring Rubric	评分指标体系

词 汇 表

Standard	标准
Standard Error of Measurement	测量标准误
Standard Score	标准分
Standardized Achievement Test	标准化成绩测验
Stanine	标准九

T

T-Score	T 分数
Table of Specifications	考试内容规范表
Task	作业任务

V

Validity	效度

参考文献及补充读物

第一章

1. Airasian, P. W., *Classroom Assessment*, 3rd ed. (New York: McGraw-Hill, 1997).

2. Bloom, B. S., Madaus, G. T., and Hastings, J. T., *Evaluation to Improve Learning* (New York: McGraw-Hill, 1981).

3. Linn, R. L., and Gronlund, N. E., *Measurement and Assessment in Teaching*, 8th ed. (Upper Saddle River, NJ: Merrill/Prentice-Hall, 2000).

4. McMillan, J. H., *Classroom Assessment: Principles and Practices for Effective Instruction*, 2nd ed. (Boston: Allyn and Bacon, 2001).

5. Popham, W. J., *Classroom Assessment: What Teachers Need to Know*, 3rd ed. (Boston: Allyn and Bacon, 2002).

6. Stiggins, R. J., *Student-Involved Classroom Assessment*, 3rd ed. (Upper Saddle River, NJ: Merrill/Prentice-Hall, 2001).

第二章

1. Linn, R. L., and Gronlund, N. E., *Measurement and Assessment in Teaching*, 8th ed. (Upper Saddle River, NJ: Merrill/Prentice-Hall, 2000).

2. McMillan, J. H., *Classroom Assessment: Principles and Practices for Effective Instruction*, 2nd ed. (Boston: Allyn and Bacon, 2001).

3. Oosterhoff, A. C., *Developing and Using Classroom Assessments*, 2nd ed. (Upper Saddle River, NJ: Prentice-Hall, 1999).

4. Smith, J. K., Smith, L. F., and DeLisi, R., *Natural Classroom Assessment*. (Thousand Oaks, CA: Corwin Press, 2001).

5. Stiggins, R. J., *Student-Involved Classroom Assessment*, 3rd ed. (Upper Saddle River, NJ: Merrill/Prentice-Hall, 2001).

6. Wiggins, G. P., *Educative Assessment: Designing Assessments to Inform and Improve Student Performance* (San Francisco, CA: Jossey-Bass, 1998).

第三章

1. Bloom, B. S., et al. (ed.). *Taxonomy of Educational Objectives: Cognitive Domain* (New York: David McKay Co., 1956).

2. Carey, L. M., *Measuring and Evaluating School Learning*, 3rd ed. (Boston: Allyn and Bacon, 2001).

3. Gronlund, N. E., *How to Write and Use Instructional Objectives*, 6th ed. (Upper Saddle River, NJ: Merrill/Prentice Hall, 2000).

4. Linn, R. L., and Gronlund, N. E. *Measurement and Assessment in Teaching*, 8th ed. (Upper Saddle River, NJ: Merrill/Prentice Hall, 2000).

5. Oosterhoff, A. C., *Classroom Application of Educational Measurement*, 3rd ed. (Upper Saddle River, NJ: Merrill/Prentice Hall, 2001).

6. Stiggins, R. J., *Student-Involved Classroom Assessment*, 3rd ed. (Upper Saddle River, NJ: Merrill/Prentice Hall, 2001).

第四章

1. Carey, L. M., *Measuring and Evaluating School Learning*, 3rd ed. (Boston: Allyn and Bacon, 2001).

2. Haladyna, T. M., *Writing Test Items to Evaluate Higher Order Thinking* (Boston: Allyn and Bacon, 1997).

3. Linn, T. L., and Gronlund, N. E., *Measurement and Assessment in Teaching*, 8th ed. (Upper Saddle River, NJ: Merrill/Prentice-Hall, 2000).

4. Oosterhoff, A. C., *Classroom Applications of Educational Measurement*, 3rd ed. (Upper Saddle River, NJ: Merrill/Prentice-Hall, 2001).

第五章

1. Carey, L. M., *Measuring and Evaluating School Learning*, 3rd ed. (Boston: Allyn and Bacon, 2001).

2. Linn, R. L., and Gronlund, N. E., *Measurement and Assessment in Teaching*, 8th ed. (Upper Saddle River, NJ: Merrill/Prentice-Hall, 2000).

3. Mehrens, W. A., and Lehmann, I. J., *Measurement and Evaluation in Education and Psychology*, 4th ed. (New York: Holt, Rinehart and Winston, 1991).

4. Oosterhoff, A. C., *Developing and Using Classroom Assessments*, 2nd ed. (Upper Saddle River, NJ: Prentice-Hall, 1999).

第六章

1. Linn, R. L., and Gronlund, N. E., *Measurement and Assessment in Teaching*, 8th ed. (Upper Saddle River, NJ: Merrill/Prentice-Hall 2000).

2. McMillan, J. H., *Classroom Assessments: Principles and Practices for Effective Instruction*, 2nd ed. (Boston: Allyn and Bacon, 2001).

3. Osterhoff, A. C., *Classrom Applications of Educational Measurement*, 3rd ed. (Upper Saddle River, NJ: Merrill /Prentice-Hall, 2001).

4. Stiggins, R. J., *Student-Involved Classroom Assessment*, 3rd ed. (Upper Saddle River, NJ: Merrill / Prentice-Hall, 2001).

第七章

1. Arter, J., and McTighe, J., *Scoring Rubrics in the Classroom* (Thousand Oaks, CA: Corwin Press, 2001).

2. Chase, C. I., *Contemporary Assessment for Educators* (New York: Longman, 1999).

3. Fitzpatrick, R., and Morrison, E. J, "Performance and Product Evaluation." Chapter 9 in R. L. Thorndike, Ed., *Educational Measurement*, 2nd ed. (Washington, DC: American Council on Education, 1971).

4. Gronlund, N. E., *How to Write and Use Instructional Objectives*, 6th ed. . (Upper Saddle River, NJ: Merrill Prentice-Hall, 2000).

5. Linn. R. L., and Gronlund, N. E., *Measurement and Assessment in Teaching*, 8th ed. (Upper Saddle, NJ: Merrill/Prentice-Hall, 2000).

6. Oosterhoff., A. C., *Classroom Applications of Educational Measurement*, 3rd ed. (Upper Saddle River, NJ: Merrill/Prentice-Hall, 2001).

第八章

1. Airasian, P. W., *Classroom Assessment*, 3rd ed. (New York: McGraw Hill, 1997).

2. Arter, J. and McTighe, J., *Scoring Rubrics in the Classroom* (Thousand Oaks, CA: CorwinPress, 2001).

3. Darling-Hammond, L., Ancess, J., and Falk, B., *Authentic Assessment in Action: Studies of Schools and Students at Work* (New York: Teachers College Press, Columbia University, 1995).

4. Johnson, B., *Performance Assessment Handbook: Volume 2, Performances and Exhibitions* (Princeton, NJ: Eye on Education, 1996).

5. McMillan, J. H., *Classroom Assessment: Principles and Practices for Effective Instruction*, 2nd ed. (Boston: Allyn and Bacon, 2001).

6. Stiggins, R. J., *Student-Involved Classroom Assessment*, 3rd ed. (Upper Saddle River, NJ: Merrill/Prentice-Hall, 2001).

7. Wiggins, G. P. *Educative Assessment: Designing Assessments to Inform and Improve Student Performance* (San Francisco, CA: Jossey-Bass, 1998).

第九章

1. Arter, J., and McTighe, J., *Scoring Rubrics in the Classroom* (Thousand Oaks, CA:

Corwin Press, 2001).

2. Cole, D. J., Ryan, C, W., Kick, F., and Mathies, B. K., *Portfolios across the Curriculum and Beyond*, 2nd ed. (Thousand Oaks, CA: Corwin Press, 2000).

3. Johnson, B., *Performance Assessment Handbook: Volume 1, Portfolios and Socratic Seminars* (Princeton, NJ: Eye on Education, 1996).

4. Linn, T. L., and Gronlund, N. E., *Measurement and Assessment in Teaching*, 8th ed. (Upper Saddle River, NJ: Merrill/Prentice-Hall, 2000).

5. McMillan, J. H., *Classroom Assessment: Principles and Practices for Effective Instruction*, 2nd ed. (Boston: Allyn and Bacon, 2001).

第十章

1. Airasian, P. W., *Classroom Assessment*, 3rd ed. (New York: McGraw-Hill, 1997).

2. Linn, R. L., and Gronlund, N. E., *Measurement and Assessment in Teaching*, 8th ed. (Upper Saddle River, NJ: Merrill/Prentice-Hall, 2000).

3. McMillan, J. H., *Classroom Assessment: Principles and Practices for Effective Instruction*. 2nd ed. (Upper Saddle River, NJ: Merrill/Prentice-Hall, 2001).

4. Oosterhoff, A. C., *Classroom Applications of Educational Measurement*, 3rd ed. (Upper Saddle River, NJ: Merrill/Prentice-Hall, 2001).

第十一章

1. American Educational Research Association, *Standards for Educational and Psychological Testing* (Washington, DC: AERA, 1999).

2. Chase, C. I., *Contemporary Assessment for Educators* (New York: Longman, 1999).

3. Linn, R. L., and Gronlund, N. E., *Measurement and Assessment in Teaching*, 8th ed. (Upper Saddle River, NJ: Merrill/Prentice-Hall, 2000).

4. Lyman, H. B., *Test Scores and What They Mean*, 6th ed. (Boston: Allyn and Bacon, 1998).

5. Oosterhoff, A. C. *Classroom Applications of Educational Measurement*, 3rd ed. (Upper Saddle River, NJ: Merrill/Prentice-Hall, 2001).

第十二章

1. American Educational Research Association, *Standards for Educational and Psychological Testing* (Washington, DC: AERA, 1999).

2. Linn, R. L., and Gronlund, N. E., *Measurement and Assessment in Teaching*, 8th ed. (Upper Saddle River, NJ: Merrill/Prentice-Hall, 2000).

3. Oosterhoff, A. C. *Classroom Applications of Educational Measurement*, 3rd ed. (Upper

Saddle River, NJ: Merrill/Prentice-Hall, 2001).

4. Thorndike, R. , *Measurement and Evaluation in Psychology and Education*, 6th ed. (Upper Saddle River, NJ: Prentice-Hall, 1997).